Stephen R. Covey – Seine Weisheiten und Prinzipien

Ebenfalls von Stephen R. Covey

Die 3. Alternative
Der 8. Weg
Die 7 Wege zur Effektivität
Führen unter neuen Bedingungen
Vom Beruf zur Berufung
Die 7 Wege zur Effektivität für Familien
So leben Sie »Die sieben Wege zur Effektivität«
Der Weg zum Wesentlichen
Die effektive Führungspersönlichkeit

Stephen R. Covey –

Seine Weisheiten und Prinzipien

Aus dem Amerikanischen von Nikolas Bertheau

Die amerikanische Originalausgabe »The Wisdom and Teachings of Stephen
R. Covey« erschien 2012 bei Free Press, A Devision of Simon & Schuster, Inc.,
New York, USA
Copyright © 2012 by FranklinCovey Company

Bibliografische Information der Deutschen Nationalbibliothek

Die Deutsche Nationalbibliothek verzeichnet diese Publikation in
der Deutschen Nationalbibliografie; detaillierte bibliografische Daten
sind im Internet über http://dnb.d-nb.de abrufbar.

ISBN 978-3-86936-510-7

Lektorat: Ute Flockenhaus
Umschlaggestaltung: Martin Zech Design, Bremen | www.martinzech.de
Satz und Layout: Das Herstellungsbüro, Hamburg |
     www.buch-herstellungsbuero.de
Druck und Bindung: Salzland Druck, Staßfurt

www.gabal-verlag.de
www.franklincovey.de
www.franklincovey.ch
www.franklincovey.at

Inhalt

Vorwort zur deutschen Ausgabe

Stephen R. Covey hat weltweit und auch im deutschsprachigen Raum sehr viele Menschen tief berührt. Seine zeitlosen Impulse zu sinnerfülltem Leben sind in unserer heutigen Gesellschaft immer noch hochrelevant.

Tausende von Lesern aus Deutschland, Schweiz und Österreich haben uns rückgemeldet, wie sehr sich ihr Leben im privaten und beruflichen Umfeld zum Positiven verändert hat, nachdem sie seine Prinzipien in ihrem Alltag angewendet haben. Hunderte von Firmen haben interne Teams auf allen Hierarchieebenen mit Hilfe der Ansätze von Covey zu mehr Effektivität geführt

Dieses Buch fasst seine wertvollen Erkenntnisse in wunderbarer Form zusammen und erinnert einen daran, sich immer pro-aktiv auf das Wesentliche zu konzentrieren. Und dazu gehörte für Stephen R. Covey insbesondere auch die Balance zwischen Familie und Job. So fragte er mich bei jedem Treffen als Erstes nicht etwa nach dem Stand unserer Geschäfte, sondern danach, ob mein Familien-Leitbild aktuell sei und ob ich danach leben würde.

Wir sind dankbar, dass wir weiterhin zu der Fortsetzung seines Lebenswerks beitragen dürfen. Wir wünschen auch Ihnen viel Erfolg auf Ihrem Weg zur Umsetzung Ihrer persönlichen Prioritäten!

Alexandra Altmann
Geschäftsführerin FranklinCovey Leadership Institut GmbH
Deutschland | Schweiz | Österreich
a.altmann@franklincovey.de

Einführung

Dieses Buch enthält die komprimierte Weisheit eines der größten Lehrer unserer Zeit – Stephen R. Coveys.

Als junger Mann sollte Covey eigentlich im Hotelgeschäft der Familie mitarbeiten, aber das war kein Weg für ihn. Er wollte einen anderen Beitrag leisten – er wollte ein Lehrer sein, der sein Leben der Entfesselung der menschlichen Möglichkeiten widmete. »Jeder Mensch ist wertvoll«, schrieb er, »ausgestattet mit einem riesigen, beinahe unerschöpflichen Potenzial und ebenso großen Fähigkeiten.«

Deshalb besuchte er die Harvard Business School, wurde Universitätsprofessor und weitete anschließend seinen Einflussbereich als Berater aus auf Führungspersönlichkeiten aus Wirtschaft und Politik. Im Jahr 1989 erreichte er mit der Veröffentlichung der *7 Wege zur Effektivität*, das vielen als das einflussreichste Buch unserer Zeit gilt, ein weltweites Publikum. Dieses wie auch seine übrigen Bücher findet man rund um den Globus in vielen privaten und unternehmensinternen Bibliotheken.

Nicht nur seine Lehren, sondern auch sein Leben zeigt uns die Macht verlässlicher Prinzipien. Er war nicht daran interessiert, auf Modewellen zu schwimmen oder in der Öffentlichkeit gut dazustehen. Seine Leidenschaft war es, die unveränderlichen, unwandelbaren und unvergänglichen Wahrheiten des Lebens zu artikulieren und zu lehren – Wahrheiten, die sich ebenso auf den beruflichen Erfolg wie auf die tiefe persönliche Befriedigung beziehen. Zudem lebte er selbst diese Wahrheiten, wie unzählige Freunde, Familienangehörige und Schüler Coveys bestätigen.

Geordnet nach den entscheidenden Prinzipien des Lebens wie Integrität, Balance, Vision und Liebe machen uns die Geschichten und Zitate des Buches mit diesen Prinzipien in zugänglicher, juwelenhafter Form vertraut.

Auch wenn Covey mittlerweile von uns gegangen ist, werden wir für immer von seinen zeitlosen Lehren profitieren – dass Wahrheit Wahrheit ist und sich aus sich selbst heraus erklärt, dass wir nicht ohne Prinzipien leben und zugleich erwarten können, dass das Universum sich nach unseren Wünschen richtet, und dass unser Leben ein wertvolles ist, das wir entweder in Mittelmäßigkeit verschwenden oder in wahre Größe investieren können.

Die Covey-Familie

Hinweis an den Leser

Die hier gesammelten Texte wurden diversen Büchern und Artikeln entnommen. Hinter jedem Zitat verweist eine hochgestellte Zahl auf den entsprechenden Eintrag in unserer Quellenliste am Ende des Buches.

Das Prinzip
der
Balance

Nehmen wir an, Sie laufen durch den Wald und treffen auf einen Mann, der fieberhaft daran arbeitet, einen Baum umzusägen.

»Was machen Sie da?«, fragen Sie.

»Das sehen Sie doch«, antwortet er ungeduldig. »Ich säge an diesem Baum.«

»Sie sehen erschöpft aus! Wie lange sind Sie denn schon zugange?«

»Über fünf Stunden«, sagt er, »und ich bin k. o.! Das ist harte Arbeit.«

»Warum machen Sie dann nicht ein paar Minuten Pause und schärfen die Säge? Ich bin sicher, dass es dann viel schneller ginge.«

»Ich habe keine Zeit, die Säge zu schärfen«, sagt der Mann energisch. »Ich bin zu sehr mit dem Sägen beschäftigt.«[7]

❖ ❖ ❖

Waren Sie jemals so erpicht darauf, Kilometer zu machen, dass Sie es versäumten, rechtzeitig zu tanken?[10]

❖ ❖ ❖

Wie viele Menschen wünschen sich auf ihrem Sterbebett, sie hätten mehr Zeit in ihrem Büro zugebracht?[1]

❖ ❖ ❖

Viele Menschen scheinen zu glauben, dass Erfolg auf einem Gebiet Versagen in anderen Lebensbereichen aufwiegen kann. Aber kann er das wirklich? Wahre Effektivität bedarf der Ausgewogenheit.[7]

❖ ❖ ❖

Der Schlüssel liegt nicht darin, Prioritäten für das zu setzen, was auf Ihrem Terminplan steht, sondern darin, Termine für Ihre Prioritäten festzusetzen.[7]

❖ ❖ ❖

Es gibt Zeiten, in denen wir den Verstand sprechen lassen, und Zeiten, in denen wir auf unser Herz hören müssen.[20]

❖ ❖ ❖

Wer sägt, muss von Zeit zu Zeit innehalten, um seine Säge zu schärfen.[3]

Das Prinzip
des
Beitrags

Einer meiner Verwandten war sein ganzes Berufsleben lang bei IBM. Er ist aus allen Umstrukturierungen dieses dynamischen Unternehmens gestärkt hervorgegangen. Er strengt sich enorm an, um in einer Branche mithalten zu können, die sich immer wieder neu erfindet. Da er unglaublich engagiert ist, schätzen ihn die Kunden sehr. Er legt keinen Wert auf ständige Beförderungen oder öffentliche Anerkennung. Ihm geht es darum, etwas zu bewirken.

Das ist in meinen Augen eine großartige Karriere. Er gibt sein Bestes und gewinnt die Loyalität und das Vertrauen seiner Kunden, seiner Kollegen und seiner Familie.

Viele Leute streiten sich darüber, ob Ehrgeiz gut oder schlecht ist. Meiner Ansicht nach hängt das davon ab, worauf sich der Ehrgeiz richtet. ... Wer seinen Ehrgeiz dafür einsetzt, einen sinnvollen Beitrag zu leisten, wird tiefe Zufriedenheit erlangen, weil er seine Arbeit hervorragend macht und sein Leben gut führt. Das ist die Form von Ehrgeiz, an die ich glaube.[2]

❖ ❖ ❖

Alle, die in der Welt etwas wirklich Gutes oder Schlechtes bewirkt haben, besaßen drei gemeinsame Attribute: eine Vision, Disziplin und Leidenschaft. Auch Hitler wies diese drei Attribute auf, aber es fehlte ihm ein viertes wesentliches Attribut – Gewissen. Das Ergebnis war Zerstörung.[8]

❖ ❖ ❖

Seien Sie ein Licht, nicht ein Richter. Seien Sie ein Modell, nicht ein Kritiker.[7]

❖ ❖ ❖

In uns allen brennt eine tiefe innere Sehnsucht danach, ein Leben voller Größe zu führen – wahrhaft von Bedeutung zu sein, etwas Wichtiges zu bewirken. Wir alle können uns bewusst dafür entscheiden, das Leben der Mittelmäßigkeit hinter uns zu lassen und ein Leben der wahren Größe zu führen – zu Hause, bei der Arbeit und in der Gemeinde.[8]

❖ ❖ ❖

Bloße Effektivität reicht nicht aus. Die neue Ära verlangt wahre Größe.[8]

❖ ❖ ❖

Betrachten Sie die Schwächen anderer mit Mitgefühl, ohne Anschuldigungen. Die Frage ist nicht, was die tun oder tun sollten. Es geht vielmehr um die von Ihnen gewählte Reaktion auf die Situation und um das, was Sie tun sollten.[7]

❖ ❖ ❖

Der Mensch ist von Natur aus weder faul noch gleichgültig. Körperlich und seelisch sind seiner Energie und seiner Begeisterungsfähigkeit keine Grenzen gesetzt. Täglich finden wir diese Qualitäten in Aktivitäten manifestiert, aus denen er Sinn und Bedeutung schöpft.[4]

❖ ❖ ❖

Die meisten von uns verschwenden zu viel Zeit auf Dinge, die dringend sind, und zu wenig Zeit auf das, was wichtig ist.[21]

❖ ❖ ❖

Primäre Größe bezieht sich auf Charakter und Beitrag. Sekundäre Größe manifestiert sich in Prestige, Wohlstand und Position.[21]

❖ ❖ ❖

Der Mensch muss das Bestmögliche aus sich machen.[4]

❖ ❖ ❖

Der Feind des Besten ist oft das Gute.[7]

❖ ❖ ❖

Nicht das Anhäufen von Dingen ist der Schlüssel zum Leben. Entscheidend ist, welchen Beitrag wir leisten.[21]

❖ ❖ ❖

Die bedeutungsvollste Arbeit, die wir in unserem gesamten Leben und in dieser unserer Welt vollbringen, ist die, die wir innerhalb unserer häuslichen vier Wände leisten.[21]

❖ ❖ ❖

Die globale Kultur, die uns umgibt, legt besonders viel Wert auf materielle und gesellschaftliche Ziele und Werte, die häufig nicht dazu angetan sind, zur individuellen Selbsterfüllung beizutragen.[4]

❖ ❖ ❖

Es gibt diejenigen, die in erster Linie auf Erfolg aus sind, und diejenigen, die einen Beitrag leisten wollen. Viele Erfolgsmenschen leisten auch einen Beitrag, aber die meisten belassen es bei der Absicht. Führen Sie Ihr Leben als jemand, der seinen Beitrag auch wirklich leistet.[21]

Das Prinzip
der
Disziplin

*E*inmal trainierte ich im Fitnessstudio gemeinsam mit einem Freund, der einen Doktor in Leistungsphysiologie besaß. Ihn interessierte besonders das Krafttraining. Er bat mich, ihm zu assistieren, während er seine Übungen im Bankdrücken machte, und ihm auf ein Zeichen hin das Gewicht abzunehmen. »Aber nicht, bevor ich es sage«, ermahnte er mich.

Ich schaute also zu und wartete, während ich mich darauf vorbereitete, das Gewicht zu übernehmen. Das Gewicht ging rauf und runter, rauf und runter. Und ich konnte sehen, wie es ihn immer mehr Mühe kostete. Aber er ließ nicht locker. Er setzte mit der nächsten Aufwärtsbewegung an, und ich dachte: »Keine Chance.« Aber er schaffte es. Dann senkte er das Gewicht langsam wieder und begann von Neuem. Auf und ab, auf und ab.

Als ich sein Gesicht sah, wie er sich abmühte und ihm die Adern beinahe aus der Haut sprangen, dachte ich: »Diesmal wird es fallen und ihm die Brust zerdrücken. Vielleicht sollte ich das Gewicht übernehmen. Vielleicht hat er die Kontrolle verloren und weiß nicht einmal, was er tut.« Aber er brachte das Gewicht heil herunter. Dann fing er wieder an. Ich konnte es nicht glauben.

Als er mich schließlich anwies, das Gewicht zu übernehmen, fragte ich: »Warum hast du so lange gewartet?«

Und mein Freund erwiderte: »Fast der ganze Nutzen der Übung stammt aus der allerletzten Phase, Stephen. Ich versuche, mir Kraft anzutrainieren. Und dazu ist es erforderlich, dass die Muskelfasern kleine Risse bekommen und die Nervenfasern den Schmerz registrieren. Die

Natur macht den Schaden anschließend mehr als wieder gut, und binnen achtundvierzig Stunden sind die Muskeln stärker als zuvor.«

Dasselbe Prinzip gilt auch für unsere emotionalen Muskeln wie beispielsweise die Geduld. Indem wir unsere Geduld über ihre Grenzen hinaus beanspruchen, erreichen wir, dass die emotionale Faser reißt. Nachdem die Natur das mehr als wieder gut gemacht hat, ist die Faser anschließend stärker als zuvor.[7]

❖ ❖ ❖

Disziplin kommt von lateinisch *discipulus*, der Schüler, auch im Sinne von Jünger, Anhänger – Anhänger einer Philosophie, Anhänger bestimmter Prinzipien, Anhänger bestimmter Werte, Anhänger eines übergreifenden Ziels oder eines Menschen, der dieses Ziel verkörpert.[7]

❖ ❖ ❖

Ich strenge mich jeden Morgen an, einen, wie ich es nenne, »privaten Sieg« zu erringen. Ich trete mindestens dreißig Minuten lang in die Pedale meines Trimmdichrads, während ich gleichzeitig in der Heiligen Schrift lese. Dann schwimme ich stramme fünfzehn Minuten im Pool und mache weitere fünfzehn Minuten lang im flachen Teil des Pools Yoga. Anschließend bete ich mit der inneren Einstellung des Zuhörens; ich lausche meinem Gewissen, während ich mir den Rest des Tages durch den Kopf gehen lasse: was es Berufliches zu tun gibt, wie sich meine Beziehungen zu meinen Familienangehörigen, Arbeitskollegen und Kunden gestalten werden. Ich lebe nach korrekten Prinzipien und verfolge wertvolle Ziele.[16]

❖ ❖ ❖

Hören Sie in einer Sache, von der Sie wissen, dass Sie sie tun sollten, auf Ihr Gewissen. Beginnen Sie klein – geben Sie sich ein Versprechen und halten Sie es. Geben Sie sich dann ein etwas größeres Versprechen und halten Sie es ebenfalls. Irgendwann werden Sie feststellen, dass Ihr Ehrgefühl stärker ist als Ihr innerer Schweinehund, und das verschafft Ihnen die Zuversicht und den Antrieb, mit anderen Bereichen fortzufahren, in denen Ihnen Verbesserungen wünschenswert erscheinen oder in denen Sie sich nützlich machen möchten.[16]

❖ ❖ ❖

Viele Leute setzen Disziplin mit fehlender Freiheit gleich. Tatsächlich aber trifft das Gegenteil zu: Nur disziplinierte Menschen sind wirklich frei. Die undisziplinierten hingegen sind Sklaven ihrer Stimmungen, Gelüste und Leidenschaften.[8]

❖ ❖ ❖

Die meisten Menschen sagen, ihr Hauptfehler sei ein Mangel an Disziplin. Bei genauerer Betrachtung halte ich das für falsch. Ihr Grundproblem liegt darin, dass ihre Prioritäten noch nicht tief in ihrem Hirn und Herz verwurzelt sind.[7]

❖ ❖ ❖

Die Organisation auf wöchentlicher Basis liefert wesentlich mehr Ausgewogenheit und Rücksicht auf den Kontext als tägliche Planung. Es scheint eine implizite kulturelle Anerkennung der Woche als einzelner, vollständiger Zeiteinheit zu geben. Das Wirtschaftsleben, Erziehung und Ausbildung und viele andere Facetten der Gesellschaft operieren innerhalb des wöchentlichen Rahmens und setzen gewisse Tage für gezieltes Engagement und andere für Entspannung oder Inspiration fest.[7]

❖ ❖ ❖

Privater Erfolg kommt vor öffentlichem Erfolg. Selbstbeherrschung und Selbstdisziplin sind das Fundament für gute Beziehungen mit anderen.[7]

❖ ❖ ❖

Treiben Sie sich die Angewohnheit des ständigen Aufschiebens und all die vielen Undiszipliniertheiten aus. Tun Sie das, wenn Sie für sich sind – und ich sage Ihnen, Sie werden schwitzen; das ist kein einfaches Unterfangen – es gehört sogar zum Schwierigsten überhaupt –, aber Sie sollten sich wirklich die Zeit dafür nehmen, und dann werden Sie feststellen, wie allmählich die Heiterkeit und die Kraft wieder Einzug halten in Ihr Leben.[4]

❖ ❖ ❖

Vor Jahren waren wir alle fasziniert von den Mondreisen. Superlative wie »fantastisch« und »unglaublich« reichen nicht aus, um diese ereignisreichen Tage zu beschreiben.

Was an diesen Himmelsreisen erforderte die meiste Kraft, die meiste Energie? Der etwa eine viertel Million Meilen lange Flug bis zum Mond? Die Rückkehr zur Erde? Die Umkreisung des Mondes? Das Abheben vom Mond?

Nein, das war es nicht – nicht einmal alles zusammen. Es war das erste Abheben von der Erde. Die ersten Minuten nach dem Start, die ersten Flugmeilen, kosteten mehr Energie als eine halbe Million Meilen in den folgenden Tagen. Von Gewohnheiten geht ebenfalls eine gewaltige Gravitationskraft aus.

Um tief verwurzelte Gewohnheiten wie ständiges Aufschieben, Ungeduld, Kritiksucht, ein Leben in Exzessen oder Selbstsucht zu durchbrechen, braucht es mehr als ein bisschen Willenskraft und ein paar kleinere Veränderungen im Leben.[4]

Das Prinzip
der
Effektivität

*D*enken Sie an die Geschichte vom armen Bauern, der eines Tages im Nest seiner Lieblingsgans ein glänzendes goldenes Ei entdeckt. Zunächst denkt er, es müsse sich um eine Täuschung handeln. Aber statt das Ei beiseitezulegen, beschließt er doch, es schätzen zu lassen. Das Ei ist aus reinem Gold! Der Bauer kann sein Glück kaum fassen. Am nächsten Tag wiederholt sich das Ereignis, und er staunt noch mehr.

Tag für Tag läuft er nach dem Erwachen zum Nest und findet ein goldenes Ei. Er wird unglaublich reich. Es scheint alles zu schön, um wahr zu sein. Aber mit seinem wachsenden Reichtum kommen auch Gier und Ungeduld.

Der Bauer will nicht mehr jeden Tag auf das goldene Ei warten, sondern die Gans schlachten und alle Eier auf einmal haben. Aber als er die Gans aufschneidet, ist sie leer. Keine goldenen Eier – und keine Möglichkeit mehr, weitere zu bekommen. Der Bauer hat die Gans getötet, die ihm die goldenen Eier gelegt hat.

Ich meine, dass in dieser Fabel ein Naturgesetz steckt, ein Gebot: die grundlegende Definition von Effektivität. Die meisten Menschen verstehen Effektivität gemäß dem Paradigma des goldenen Eies so: Je mehr man produziert, desto mehr schafft man, desto effektiver ist man.

Aber die Geschichte zeigt, dass wahre Effektivität eine Verkörperung von zwei Dingen ist: dem, was produziert wird (den goldenen Eiern), und dem produzierenden Faktor oder der Kapazität zu produzieren (der Gans).

Wenn Sie einem Lebensmuster folgen, das nur auf goldene Eier ausgerichtet ist und die Gans vernachlässigt, wird es Ihnen bald an dem Faktor

fehlen, der die goldenen Eier produziert. Wenn Sie sich andererseits nur um die Gans kümmern und die Eier ignorieren, werden Sie bald nichts mehr haben, um sich selbst oder die Gans zu ernähren.
Effektivität beruht auf dem Gleichgewicht.[7]

❖ ❖ ❖

Hochgradig effektive Menschen haben 7 Gewohnheiten gemeinsam. Gewohnheit 1 sagt: »Du bist der Programmierer«, und Gewohnheit 2 sagt: »Schreib das Programm«, woraufhin Gewohnheit 3 sagt: »Lass das Programm laufen, fülle das Programm mit Leben«. Gewohnheit 7 schließlich ist die Erneuerung des ganzen Menschen; sie steht für Bildung, Lernen und Engagement.[7]

❖ ❖ ❖

Alle wohlmeinenden Ratschläge der Welt führen zu gar nichts, wenn wir nicht einmal das richtige Problem ansprechen.[7]

❖ ❖ ❖

Wann immer wir glauben, das Problem sei »da draußen«, ist dieser Gedanke das Problem.[7]

❖ ❖ ❖

Effektive Menschen sind nicht problem-, sondern möglichkeits-orientiert. Sie füttern die Möglichkeiten und lassen die Probleme verhungern.[7]

❖ ❖ ❖

Gewohnheiten sind Schnittmengen zwischen Wissen (was zu tun ist), Können (wie es zu tun ist) und Wollen (dem Willen, es zu tun).[7]

❖ ❖ ❖

Wie viel negative Energie kostet es typischerweise, in einer Situation wechselseitiger Abhängigkeit (zum Beispiel einer Partnerschaft) Probleme zu lösen und Entscheidungen zu treffen? Wie viel Zeit verschwenden wir mit Anklagen und Kritik, mit Intrigen, Rivalitäten, zwischenmenschlichen Konflikten, Selbstrechtfertigungen, Komplotten und Verdächtigungen? Es ist, als versuchten wir, mit gleichzeitig gedrücktem Gas- und Bremspedal Auto zu fahren.[7]

❖ ❖ ❖

Überall im Leben gibt es Phasen des Wachstums und der Entwicklung. Im Bereich des Körperlichen ist uns diese Vorstellung wohl vertraut; im emotionalen Bereich, in unseren sozialen Beziehungen und in Glaubensdingen tun wir uns damit schwerer.[4]

❖ ❖ ❖

Unabhängiges Denken allein passt nicht zu einer interdependenten Wirklichkeit. Unabhängige Menschen, die nicht die Reife haben, interdependent zu denken und zu handeln, mögen gute individuelle Leistungen vollbringen, aber sie werden keine guten Führungspersönlichkeiten oder Teamspieler abgeben. Sie leben nicht mit dem Paradigma der Interdependenz, welches notwendig ist, um in einer Ehe, einer Familie oder einer Organisation Erfolg zu haben.[7]

❖ ❖ ❖

Es ist möglich, sehr, sehr beschäftigt, aber nur wenig effektiv zu sein.[7]

❖ ❖ ❖

Leben, lieben, lachen und ein Lebenswerk schaffen.[6]

❖ ❖ ❖

Die Leute arbeiten härter als je zuvor, kommen aber nicht recht voran, weil es ihnen an Klarheit und an einer Vision fehlt. Man könnte im Grunde sagen, dass sie ein Seil schieben, und das mit aller Kraft.[8]

❖ ❖ ❖

Die Leute fühlen sich einfach sich selbst und dem Leben gegenüber besser, wenn sie bei irgendetwas gut sind.[8]

❖ ❖ ❖

Manche Menschen verfügen über Charakterstärke, lassen jedoch die Fähigkeit zur Kommunikation vermissen, worunter zwangsläufig auch die Qualität ihrer Beziehungen leidet.[3]

❖ ❖ ❖

Hauptsache, die Hauptsache bleibt die Hauptsache.[1]

❖ ❖ ❖

Chronische Probleme lassen sich nicht auf die Schnelle lösen. Das kann nur vermittels natürlicher Prozesse geschehen. Wer zur Herbstzeit ernten will, muss im Frühjahr säen und den langen Sommer über wässern, jäten und düngen.[3]

❖ ❖ ❖

Es gibt keinen besseren Weg, fortlaufend den Geist zu erweitern, als es sich zur Gewohnheit zu machen, regelmäßig gute Literatur zu lesen.[7]

❖ ❖ ❖

Das Gleichgewicht zwischen dem goldenen Ei (Produktion) und der Gesundheit und dem Wohlergehen der Gans (Produktionskapazität) aufrechtzuerhalten, ist oft sehr schwierig. Meiner Ansicht nach ist aber gerade das der wesentliche Aspekt von Effektivität.[7]

❖ ❖ ❖

Wir leben in einer Welt der Abkürzungen. Können Sie sich einen Bauern vorstellen, der sämtliche Feldarbeit auf den Herbst verschiebt, wenn es Zeit ist zu ernten, wie es Schüler und Studenten zu tun pflegten und immer noch tun, wenn eine Prüfung bevorsteht? Können Sie sich einen Läufer vorstellen, der Tempo und Ausdauer nur »simuliert«, oder einen Konzertpianisten, der sich »den Anschein gibt«, sein Instrument zu beherrschen?[4]

❖ ❖ ❖

Keine Institution wird jemals in der Lage sein, in einem Kind in derselben Weise Charakterstärke, innere Sicherheit sowie Talente und Fähigkeiten zu entwickeln wie das häusliche Umfeld.[21]

❖ ❖ ❖

Sie können eine »Veränderungsperson« sein – ein Bindeglied zwischen der Vergangenheit und der Zukunft. Eine Tendenz, die sich schon seit Generationen durch Ihre Familie zieht, kann bei Ihnen enden. Und Ihre eigene Veränderung kann sich auf viele, viele künftige Leben auswirken.[7]

Das Prinzip
der
Empathie

*N*ehmen wir einmal an, Sie hätten Probleme mit den Augen und suchen deswegen einen Augenarzt auf. Nachdem er sich kurz Ihre Beschwerden angehört hat, nimmt er seine Brille ab und reicht sie Ihnen.

»Setzen Sie sie auf«, sagt er. »Ich habe diese Brille jetzt zehn Jahre getragen, und sie hat mir wirklich geholfen. Ich habe zu Hause noch einen Ersatz; Sie können diese haben.«

Also setzen Sie sie auf, aber das macht alles nur noch schlimmer.

»Die ist furchtbar«, rufen Sie aus. »Ich kann überhaupt nichts sehen.«

»Woran fehlt's denn?«, fragt er. »Bei mir funktioniert sie prima. Geben Sie sich ein bisschen mehr Mühe.«

»Tue ich ja schon«, beharren Sie. »Alles ist ganz verschwommen.«

»Was ist eigentlich mit Ihnen los? Denken Sie positiv.«

»Okay. Ich schaue positiv und sehe nichts.«

»Junge, Junge, Sie sind aber ganz schön undankbar«, spottet er.

»Nachdem ich so viel für Sie getan habe.«

Wie groß ist die Chance, dass Sie den Augenarzt noch einmal konsultieren würden? Vermutlich sehr gering. Sie haben nicht viel Vertrauen in jemanden, der keine Diagnose stellt, bevor er ein Rezept verschreibt. Aber wie oft tun wir in der Kommunikation genau das?[7]

❖ ❖ ❖

Wenn Ihnen nicht mehr so wichtig ist, was andere von Ihnen halten, wird Ihnen wichtiger werden, was diese über sich selbst und ihre Welt denken.[7]

❖ ❖ ❖

Sicherlich hat es in Ihrem Leben schon einmal jemanden gegeben, der an Sie glaubte, als Sie selbst gerade nicht an sich glaubten.[7]

❖ ❖ ❖

Nur wer sich beeinflussen lässt, kann seinerseits andere beeinflussen.[7]

❖ ❖ ❖

Lassen Sie sich nicht von Ihrer eigenen Biografie verführen.[21]

❖ ❖ ❖

Wenn ich von einfühlendem Zuhören spreche, dann meine ich Zuhören mit der Absicht zu verstehen. Ich meine, erst verstehen zu wollen, um dann wirklich zu verstehen. Einfühlendes Zuhören führt einen in den Bezugsrahmen des anderen. Aus dem können Sie herausschauen, die Welt so sehen, wie sie der andere sieht, sein Paradigma und seine Gefühle verstehen.[7]

❖ ❖ ❖

Empathie erweitert unseren eigenen Denkhorizont. Wenn unser Partner, unser Arbeitskollege oder unser Freund sich wirklich öffnet, dann wird er für uns gewissermaßen transparent. Seine Sichtweisen und Wahrheiten verschmelzen mit unseren.[5]

❖ ❖ ❖

Einfühlung (Empathie) ist nicht Sympathie. Sympathie ist eine
Form von Vereinbarung. Die Essenz von einfühlendem Zuhören ist,
dass Sie diesen Menschen vollkommen verstehen, emotional wie
intellektuell.[7]

❖ ❖ ❖

Furcht ist wie ein Knoten im Herzen, und um ihn zu lösen,
bedarf es aufrichtiger, ehrlicher, ernstgemeinter und wohltuender
Beziehungen. Es kommt nicht so sehr darauf an, dass wir diese
Beziehungen intellektuell verstehen.[4]

❖ ❖ ❖

Ich habe es mir zur Angewohnheit gemacht, meine Kinder regelmäßig zu interviewen. Die Grundregel in diesen »Interviews«
lautet, dass ich lediglich zuhöre und zu verstehen versuche. Diese
Gespräche sind nicht dazu da, um zu moralisieren, zu predigen, zu
lehren oder zu disziplinieren – dafür gibt es andere Gelegenheiten.
Hier geht es nur darum, zuzuhören, zu verstehen und mich
einzufühlen. Manchmal juckt es mich fürchterlich, einzuschreiten
und einen Rat zu erteilen, zu lehren, zu urteilen oder Sympathie
zu bekunden, aber ich habe innerlich beschlossen, während
dieser besonderen Gespräche ausschließlich zu versuchen, das zu
verstehen, was die Kinder mir von sich aus erzählen.[4]

❖ ❖ ❖

Wenn plötzlich die ganze Luft aus dem Raum gesogen würde, in
dem Sie jetzt lesen, was würde dann mit Ihnen geschehen? Sie
würden sich um nichts anderes mehr kümmern als um die Luft

zum Atmen. Ihre einzige Motivation wäre das Überleben. Aber jetzt, wo Sie Luft haben, empfinden Sie diese Motivation nicht. Das ist eine der größten Einsichten auf dem Gebiet der menschlichen Motivation: Befriedigte Bedürfnisse motivieren nicht. Das tun nur die unbefriedigten. Neben dem physischen Überleben ist das größte Bedürfnis des Menschen das psychische Überleben – verstanden, bestätigt, geliebt, anerkannt zu werden. Wenn Sie einem anderen Menschen einfühlend zuhören, geben Sie ihm psychische Luft.[7]

❖ ❖ ❖

Wenn ich das Allerwichtigste, das ich auf dem Gebiet der zwischenmenschlichen Beziehungen gelernt habe, in einem Satz zusammenfassen müsste, dann würde er heißen: Erst verstehen, dann verstanden werden.[7]

❖ ❖ ❖

Wenn Ihnen die Beziehung zu Ihrem Verhandlungspartner wichtig ist, werden Sie ihm aufmerksam zuhören und ihn nicht bei jeder Gelegenheit unterbrechen, um ihn zum Kauf zu überreden. Sie begegnen ihm nicht mit Empathie, weil Sie sich davon einen Nutzen versprechen. Sie tun es, weil Sie nicht nur ein Verkäufer, sondern ein echter Partner für Ihre Kunden sein wollen.[5]

❖ ❖ ❖

Die meisten Auseinandersetzungen resultieren nicht aus echten Meinungsverschiedenheiten, sondern aus verletzten Eitelkeiten und Missverständnissen.[4]

❖ ❖ ❖

44

Nachdem ich einmal eine Präsentation gehalten hatte, berichtete mir ein Fakultätskollege von seiner schlechten Beziehung zu seinem Sohn. Er sagte: »*Ich verstehe meinen Sohn nicht. Ich kenne das Leben und ich weiß genau, was für Probleme mein Sohn hat. Ich sehe die Gefahren und Fallen, die die Zukunft für ihn bereithält, sofern er nicht auf meinen Rat hört.*«

Ich sagte zu ihm: »*Ich schlage vor, du versuchst einmal, dich mit der Idee anzufreunden, dass möglicherweise du es bist, der deinen Sohn nicht versteht. Versuche doch, ihm erst einmal in aller Ruhe zuzuhören, ohne das Gesagte sofort moralisch zu bewerten.*«

»*Ich glaube nicht daran*«*, erwiderte er,* »*aber ich will es versuchen.*«

Um acht Uhr abends sprach ihn sein Sohn an: »*Dad, ich glaube, du verstehst mich überhaupt nicht.*« *Später erzählte mir der Mann, dass er nicht alle Einzelheiten wiederholen wolle, dass er sich aber das Versprechen gegeben hatte, zuzuhören.* »*Also gut*«*, sagte er zu seinem Sohn,* »*vielleicht hast du Recht. Dann bist du jetzt an der Reihe. Erzähle mir von dir.*« *Das Gespräch dauerte dreieinhalb Stunden.*

Später erzählte er mir dankbar, dass ihm nicht bewusst gewesen war, wie wenig er seinen Sohn kannte, dass er ihm niemals die Gelegenheit gegeben hatte, sich auszudrücken oder auch nur der zu sein, der er war. »*Mein Sohn und ich haben einander wiedergefunden. Wir sind wieder Freunde.*«[4]

❖ ❖ ❖

Die meisten Leute hören nicht zu, um zu verstehen; sie hören zu, um zu antworten. Entweder sie sprechen oder sie bereiten sich darauf vor, zu sprechen. Sie filtern alles durch ihre eigenen Paradigmen, lesen ihre eigene Autobiografie im Leben anderer.[7]

❖ ❖ ❖

Was für den einen eine bedeutsame Mission, ist für den anderen ein unwichtiges Detail. Sie arbeiten vielleicht gerade ganz konzentriert an einem Projekt. Ihr sechsjähriges Kind unterbricht Sie dabei mit etwas, das Ihnen zwar trivial erscheint, aus seiner Sicht aber sehr wichtig ist.[7]

❖ ❖ ❖

Unsere Gespräche entarten zu kollektiven Monologen und wir verstehen nie wirklich, was in einem anderen Menschen vorgeht.[7]

❖ ❖ ❖

Innendrin sind die Menschen sehr zart, sehr empfindsam. Ich glaube nicht, dass Alter oder Erfahrung daran sehr viel ändern. Selbst unter rauen und abgehärteten Schalen verbergen sich die zarten Gefühle und Emotionen des Herzens.[7]

❖ ❖ ❖

Das Verhalten der Menschen erklärt sich eher aus ihren Gefühlen als aus ihrem Denken. Solange keine guten Gefühle die Menschen verbinden, ist eine intellektuelle Verständigung zwischen ihnen so gut wie unmöglich.[4]

❖ ❖ ❖

Menschen neigen dazu, so zu werden, wie man sie behandelt oder als was man sie betrachtet.[21]

❖ ❖ ❖

Rebellion ist ein Knoten des Herzens, nicht des Verstandes.[7]

❖ ❖ ❖

Versuchen Sie zuerst, zu verstehen, und erst dann, verstanden zu werden.[7]

❖ ❖ ❖

Die goldene Regel sagt: »Behandele andere so, wie du willst, dass sie dich behandeln.« Bei genauerer Betrachtung bedeutet das, man solle den anderen als Individuum wirklich so verstehen, wie man selbst verstanden werden will, und ihn dann auch entsprechend behandeln.[7]

❖ ❖ ❖

Je besser Sie andere Menschen verstehen, desto mehr werden Sie sie schätzen und desto mehr Hochachtung werden Sie für sie empfinden. Die Seele eines anderen Menschen anzurühren, bedeutet, auf heiligem Grund zu wandeln.[7]

❖ ❖ ❖

Wenn Menschen wirklich leiden und Sie ihnen mit dem reinen Wunsch zuhören, verstehen zu wollen, werden Sie überrascht sein, wie schnell sie sich öffnen. Schicht für Schicht – wie wenn man eine Zwiebel abpellt, bis man zum weichen Inneren gelangt.[7]

❖ ❖ ❖

Wenn die Luft voller Emotionen ist, wird der Versuch, zu belehren, oft als eine Form von Urteil und Ablehnung wahrgenommen.[7]

❖ ❖ ❖

Wenn wir Probleme bei den Interaktionen mit anderen Menschen haben, sind wir uns des akuten Schmerzes sehr bewusst. Er ist häufig intensiv, und wir wollen, dass er verschwindet. Dann versuchen wir, die Symptome mit Patentlösungen und Techniken zu behandeln – mit Pflastern der Persönlichkeitsethik. Wir verstehen nicht, dass der akute Schmerz ein Symptom für das tiefere, chronische Problem ist.[7]

❖ ❖ ❖

Wenn Sie »kein Geschäft« als Option im Hinterkopf haben, können Sie ehrlich sagen: »Ich will mich nur auf Gewinn/Gewinn einlassen. Ich möchte gewinnen, und Sie möchten gewinnen. Ich möchte mich nicht in einer Weise durchsetzen, mit der Sie sich dann später nicht wohl fühlen, denn das würde irgendwann an die Oberfläche kommen und nicht tragfähig sein. Andererseits würden Sie sich auch nicht gut fühlen, wenn ich nachgäbe und Sie bekämen, was Sie wollten. Also lassen Sie uns an Gewinn/Gewinn arbeiten. Wir können wirklich alles abklopfen, und wenn wir dann immer noch nichts finden, dann sind wir uns einig, dass es eben kein Geschäft gibt. Es wäre besser, kein Geschäft zu machen, als mit einer Entscheidung zu leben, die nicht für uns beide stimmt. Das hält uns die Möglichkeit offen, vielleicht ein anderes Mal zusammenzukommen.«[7]

❖ ❖ ❖

Worte sind wie aus großer Höhe fallen gelassene Eier. Man kann sie weder zurückholen, noch die Sauerei ignorieren, die sie bei ihrem Aufprall anrichten.[21]

❖ ❖ ❖

Im Umgang mit Menschen darf man das Kriterium der Effizienz nicht anlegen. Bei Dingen ist das durchaus angebracht, doch bei Menschen muss es um Effektivität gehen.[7]

❖ ❖ ❖

Ein Vater hat mir mal gesagt: »Ich verstehe meinen Sohn einfach nicht. Er hört überhaupt nicht zu.«

»Lassen Sie mich wiederholen, was Sie eben gesagt haben«, antwortete ich. »Sie verstehen Ihren Sohn nicht, weil er Ihnen nicht zuhört?«

»Richtig«, meinte er.

»Ich versuch's noch mal. Sie verstehen Ihren Sohn nicht, weil er Ihnen nicht zuhört?«

Er wurde ungeduldig. »Sag' ich doch.«

»Ich dachte, um einen anderen Menschen zu verstehen, müssten Sie ihm zuhören«, schlug ich vor.

»Oh!« Es gab eine längere Pause. »Oh!«, sagte er wieder, als ihm langsam ein Licht aufging.[7]

Das Prinzip
der
Führung

*I*ch erinnere mich an ein Erstgespräch mit den Topmanagern eines großen Unternehmens, in dem ich sie nach ihrem Leitbild fragte. Etwas
zögerlich legten sie es mir vor. Es lautete im Wesentlichen: »Unser Ziel ist
es, die Vermögenswerte unserer Shareholder zu vermehren.«

Ich fragte sie, ob sie das an die Wand hängten, um ihre Beschäftigten
und Kunden zu inspirieren.

Sie grinsten und antworteten: »Nein, wir haben ein anderes Leitbild,
das hängt an der Wand, aber auf dies sind wir im Führungsteam wirklich
konzentriert.«

Obwohl ich ihre Bräuche und ihre Firma noch kaum kannte, sagte
ich: »Lassen Sie mich Ihnen erzählen, wie Ihre Unternehmenskultur aus-
sieht. Sie sind gespalten. Falls es in Ihrer Branche eine starke Gewerk-
schaft gibt, haben Sie unter Arbeitskämpfen zu leiden. Sie hängen Ihren
Leuten im Nacken, überprüfen sie und setzen Zuckerbrot und Peitsche
ein, damit sie ihre Arbeit machen. Es geht enorm viel negative Energie in
Konflikte zwischen den Mitarbeitern, Rivalität zwischen den Abteilun-
gen, verborgene Absichten und politische Spielchen.«

Dass ich ein so guter Wahrsager war, verblüffte sie. »Woher wissen Sie
das alles? Wie konnten Sie uns so zutreffend beschreiben?«

Ich erwiderte: »Ich brauche gar nicht viel über Ihre Branche oder über
Sie zu wissen. Es reicht, dass ich mich mit der menschlichen Natur aus-
kenne.[8]

❖ ❖ ❖

Behandeln Sie Ihre Angestellten immer genau so, wie diese Ihre besten Kunden behandeln sollen.[7]

❖ ❖ ❖

Sind Führungsqualitäten angeboren oder werden sie durch ihr Umfeld und Training »gemacht«? Diese Frage beruht auf einer falschen Dichotomie. Führungsqualitäten sind weder angeboren noch durch ihr Umfeld und Training konditioniert. Führungskräfte »machen« sich vielmehr selbst – durch Reaktionen, für die sie sich entschieden haben.[8]

❖ ❖ ❖

Kulturelle moralische Autorität entwickelt sich stets langsamer als institutionalisierte oder visionäre moralische Autorität.[8]

❖ ❖ ❖

Effektive Führung heißt, das Wichtige zuerst zu tun. Effektives Management ist Disziplin und Umsetzung.[7]

❖ ❖ ❖

Führung ist für mich nicht gleichbedeutend mit der Position des CEO. Die Wahrscheinlichkeit, dass ein CEO über Führungsqualitäten verfügt, ist nicht größer als bei jedem anderen auch. Ich spreche vielmehr davon, das eigenes Leben zu »führen«, unter Freunden eine »führende« Rolle oder in der Familie »Führungsverantwortung« zu übernehmen.[5]

❖ ❖ ❖

Wenn Sie gute Leute in schlechte Systeme setzen, kriegen Sie schlechte Ergebnisse. Blumen muss man gießen, wenn sie wachsen sollen.[7]

❖ ❖ ❖

Im Industriezeitalter war Führung an Positionen gebunden. Im Informationszeitalter ist Führung Ausdruck wahrgenommener Entscheidungsfreiheit.[13]

❖ ❖ ❖

Einer von Tatendrang erfüllten Führungspersönlichkeit passiert es leicht, dass sie lediglich die Dinge vorantreibt und, ohne es zu wollen, die dabei hervorgerufenen Gefühle und die entstehenden Beziehungen übersieht.

Menschen in Führungspositionen lassen sich häufig von jeder neuen »Führungsdoktrin« beeindrucken. Sollten sie ihre Führungspraxis demokratischer oder autokratischer gestalten? Sollten sie fester oder toleranter auftreten? Mehr erzählen oder mehr fragen? Mit welchen Techniken erreichen sie am besten, dass ihre Mitarbeiter tun, was zu tun ist? Diese Fragen sind wichtig und verdienen Beachtung, aber sie sind nur zweitrangig. Die primäre Frage lautet: Wie wichtig sind Ihre Mitarbeiter Ihnen wirklich?[4]

❖ ❖ ❖

Führung ist eine Wahl und bezeichnet den Entscheidungsspielraum zwischen Reiz und Reaktion.[8]

❖ ❖ ❖

Führung ist die höchste aller Künste – einfach, weil sie alle anderen Künste und Berufe befähigt zu funktionieren.[8]

❖ ❖ ❖

Management spielt sich innerhalb des Systems ab. Führung beeinflusst das System von außen.[1]

❖ ❖ ❖

Nur dann sind Menschen bereit, im Beruf ihr Bestes zu geben, wenn sie ernsthaft und in sinnvoller Weise beteiligt werden.[4]

❖ ❖ ❖

In unserer chaotischen Welt verwechseln wir oft genug Effizienz mit Effektivität, Schnelligkeit mit Priorität, Nachahmung mit Innovation, Schönheit mit Charakter oder Vortäuschung mit Kompetenz.[3]

❖ ❖ ❖

Manche Führungskräfte betreiben »Champignon-Management«: Die Mitarbeiter im Dunkeln halten, viel Mist über ihnen ausschütten, jeden Kopf, der sich zeigt, abschneiden und ab in die Tonne damit.[3]

❖ ❖ ❖

Das Problem ist, dass die Manager das Kontrollmodell des Industriezeitalters heute auf die Wissensarbeiter anwenden. Doch so lassen sich deren Motivationen und Talente nicht erschließen.[8]

❖ ❖ ❖

Die Psychologie hinter unseren Buchhaltungssystemen ist absurd. Mitarbeiter sind ein Kostenfaktor und Geräte eine Investition. In Wahrheit verhält es sich genau andersherum.[14]

❖ ❖ ❖

Führung heißt, den Mitarbeitern ihren Wert und ihr Potenzial so deutlich vor Augen zu führen, dass sie es selbst in sich sehen.[9]

❖ ❖ ❖

Verbale, logische und analytische Aktivitäten spielen sich in der Regel in der linken Gehirnhälfte ab; handelt es sich um intuitive, emotionale oder kreative Arbeit, ist wohl die rechte Gehirnhälfte dafür zuständig. Mein Vorschlag lautet: Managen Sie von links und führen Sie von rechts.[3]

❖ ❖ ❖

Wenn Eltern die Probleme ihrer Kinder als Chance betrachten, die Beziehung aufzubauen, statt als negative, lästige Irritationen, verändert das die Interaktionen zwischen Eltern und Kind völlig. Wenn ein Kind mit einem Problem zu ihnen kommt, denken sie nicht mehr: »O nein, noch ein Problem.« Ihr Paradigma heißt: »Dies ist eine wunderbare Möglichkeit für mich, meinem Kind wirklich zu helfen und in unsere Beziehung zu investieren.«[7]

❖ ❖ ❖

Auch wenn viele von uns Sonntagsreden zur Bedeutung der elterlichen Verantwortung halten, investieren wir häufig so gut wie alle unsere Energie, unsere Begeisterungsfähigkeit, Zeit und Treue in unsere Berufe. Wir planen unsere Arbeit sorgfältig, verwenden die besten Systeme, führen gewissenhaft Buch und wenden viel Zeit für die Problemanalyse auf. Bei der Charakterentwicklung unserer eigenen Kinder lassen wir die Tage verstreichen, ohne dass wir uns um echte Analyse und Planung Gedanken machen oder irgendein intelligentes System zur Anwendung bringen.[4]

❖ ❖ ❖

Man kann die Hand eines Menschen kaufen, aber nicht sein Herz.
In seinem Herzen aber sitzen sein Enthusiasmus und seine
Loyalität. Man kann seinen Rücken kaufen, aber nicht sein Gehirn.
Dort sitzen seine Kreativität, sein Einfallsreichtum und seine
geistige Beweglichkeit.[7]

❖ ❖ ❖

Man kann nicht die Frucht verändern, ohne zugleich auch die
Wurzel zu verändern.[7]

❖ ❖ ❖

*Den wichtigen Unterschied zwischen Führung und Management versteht
man schnell, wenn man sich vorstellt, wie eine Gruppe von Leuten sich
mit Macheten einen Weg durch den Dschungel erkämpft. Sie sind die Ma-
cher, die Problemlöser. Sie arbeiten sich durchs Unterholz, machen den
Weg frei. Die Manager sind hinter ihnen, schärfen ihre Macheten, schreiben die Verfahrens- und Vorgehensregeln fest, führen Fitnessprogramme
durch, bringen technologische Verbesserungen ein, erstellen Arbeitspläne
und Ausgleichsprogramme für die Machetenschwinger.*

*Der Führer ist derjenige, der auf den höchsten Baum klettert, die gan-
ze Situation von oben betrachtet und runterruft: »Wir sind im falschen
Dschungel!«*

*Aber wie reagieren die meisten stark beschäftigten und sehr effizienten
Mitarbeiter und Manager? »Halt die Klappe! Wir kommen gut voran!«[7]*

Das Prinzip
der
Integrität

*A*ls ich vor einiger Zeit vor einem kanadischen Hotel in ein Taxi stieg, wies der Portier den Fahrer an, »Dr. Covey« zum Flughafen zu bringen. Der Fahrer hielt mich für einen Arzt und begann, über seine gesundheitlichen Probleme zu sprechen. Ich versuchte ihm zu erklären, dass ich dafür der falsche Doktor war, doch er sprach nicht gut genug Englisch, um mich zu verstehen. Daher hörte ich ihm einfach zu.

Der Taxifahrer berichtete von seinen Schmerzen und seiner Doppelsichtigkeit. Je mehr er erzählte, desto klarer wurde mir, dass seine gesundheitlichen Probleme durch sein schlechtes Gewissen verursacht wurden. Er klagte darüber, dass er lügen und betrügen müsse, um genügend Fahrgäste zu bekommen: »Ich habe nicht vor, mich an die Vorschriften zu halten. Ich weiß schon, wie ich mir Fahrgäste verschaffe.« Dann verdüsterte sich sein Gesicht: »Wenn die Polizei mich erwischt, kriege ich allerdings Schwierigkeiten. Ich werde meine Lizenz verlieren. Was sagen Sie dazu, Herr Doktor?«

Ich erwiderte: »Glauben Sie nicht, dass die Ursache für Ihre gesundheitlichen Probleme darin liegt, dass Sie nicht auf Ihr Gewissen hören? In Ihrem Inneren wissen Sie doch ganz genau, was Sie tun sollten.«

»Dann würde ich aber nicht genug verdienen, um davon leben zu können!«

Ich sprach über den inneren Frieden und die Weisheit, die daraus erwachsen, dass wir auf unser Gewissen hören. »Betrügen Sie nicht. Lügen Sie nicht. Stehlen Sie nicht. Behandeln Sie die Leute mit Respekt.«

»Glauben Sie wirklich, dass das helfen würde?«

»Ich weiß, dass es helfen wird.«

Als ich ausstieg, weigerte er sich, von mir ein Trinkgeld anzunehmen. Er umarmte mich einfach. »Ich werde es so machen, wie Sie gesagt haben. Ich fühle mich schon viel besser!«[2]

❖ ❖ ❖

»Von innen nach außen« heißt, dass Sie zunächst bei sich selbst beginnen oder, noch grundlegender, mit dem innersten Teil Ihrer selbst – mit Ihren Paradigmen, Ihrem Charakter und Ihren Motiven. Wann immer wir glauben, das Problem sei »da draußen«, ist dieser Gedanke das Problem. Wir geben dem, was da draußen ist, die Macht, Kontrolle über uns zu haben. Das Paradigma der Veränderung ist in diesem Fall »von außen nach innen« – was da draußen ist, muss sich verändern, bevor wir uns verändern können.[7]

❖ ❖ ❖

Ein Leben voller Verstellung ist eine umständliche Angelegenheit.[4]

❖ ❖ ❖

Der regelmäßige Gang zur Kirche bedeutet nicht notwendigerweise, dass die Leute die dort gelehrten Prinzipien auch in ihrem Leben umsetzen. Man kann nämlich in der Kirche aktiv, in ihrem Evangelium aber inaktiv sein.[7]

❖ ❖ ❖

Der Kirchgang ist nicht gleichbedeutend mit persönlicher Spiritualität. Manche Leute lassen sich von den Veranstaltungen und Projekten ihrer Kirche so in Anspruch nehmen, dass sie die drängende Not um sie herum gar nicht mehr wahrnehmen und gegen eben jene Konzepte, an die sie doch angeblich tief glauben, verstoßen.[7]

❖ ❖ ❖

Argumentieren Sie nicht mit den Schwächen anderer. Argumentieren Sie nicht mit den eigenen Schwächen. Wenn Sie einen Fehler machen, geben Sie ihn zu, korrigieren Sie ihn und lernen Sie daraus – sofort.[7]

❖ ❖ ❖

Ab dem Zeitpunkt seiner Geburt gehört der Mensch einer gesellschaftlichen Institution nach der anderen an. Jede dieser Institutionen schätzt und beurteilt ihre Mitglieder. Diese Urteile addieren sich auf und erzählen oder bezeichnen oder definieren in ihrer Gesamtheit, wer ein Mensch ist.[4]

❖ ❖ ❖

Frustration erwächst aus unseren Erwartungen, und unsere Erwartungen sind oft ein Bild aus dem sozialen Spiegel, nicht das Ergebnis unserer eigenen Werte und Prioritäten.[7]

❖ ❖ ❖

Ehrlichkeit heißt, die Wahrheit zu sagen, also unsere Worte in Einklang mit der Realität zu bringen. Integrität heißt, die Realität mit unseren Worten in Einklang zu bringen, also Versprechen zu halten und Erwartungen zu erfüllen. Das erfordert einen integren Charakter, ein Einssein mit sich selbst und dem Leben.[7]

❖ ❖ ❖

Bescheidenheit ist die größte aller Tugenden, weil aus ihr alle übrigen Tugenden erwachsen.[21]

❖ ❖ ❖

Wer versucht, es jedem in jeder Hinsicht recht zu machen, macht es am Ende keinem recht – am wenigsten sich selbst.[3]

❖ ❖ ❖

Viele Menschen entdecken bei der Entwicklung der eigenen Selbstwahrnehmung einen ineffektiven Kontext, tief eingebettete Gewohnheiten, die ihrer gar nicht würdig sind und überhaupt nicht zu den Dingen passen, die sie im Leben wirklich schätzen.[7]

❖ ❖ ❖

Letztlich wird das, was wir sind, viel besser kommuniziert als das, was wir sagen oder tun.[7]

❖ ❖ ❖

Wir sollten Loyalität nicht höher werten als Integrität; echte Integrität ist in Wahrheit Loyalität. Auch Sie wollen schließlich, dass der Arzt Ihnen die Wahrheit sagt, selbst wenn sie Ihnen nicht gefällt.[8]

❖ ❖ ❖

Geben Sie sich selbst ein kleines Versprechen und halten Sie es; dann ein etwas größeres und noch ein größeres. Am Ende siegt Ihr Ehrgefühl über Ihre Launen, und wenn dies passiert, werden Sie auf die wahre Quelle der Macht stoßen: moralische Autorität.[8]

❖ ❖ ❖

Viele glauben, für Erfolg brauche man lediglich Talent, Energie und Persönlichkeit. Die Geschichte hat uns jedoch gelehrt, dass es auf lange Sicht wichtiger ist, wer wir sind, als wer wir zu sein scheinen.[8]

❖ ❖ ❖

Vielen Leuten mit sekundärer Größe – das heißt sozialer Anerkennung für ihre Talente – fehlt es in ihrem Charakter an primärer Größe oder Menschlichkeit. Das zeigt sich früher oder später in all ihren Beziehungen, im Geschäftsleben, in der Ehe, im Freundeskreis oder im Umgang mit einem heranwachsenden Kind, das eine Identitätskrise durchmacht. Was sich letztlich doch konsequent mitteilt, ist der Charakter.[7]

❖ ❖ ❖

Kein Wunder, dass viele Menschen voller Furcht und Angst sind und ihr Leben lang versuchen, jemanden darzustellen, der sie nicht sind. Das Leben solcher Menschen unterliegt dem ständigen Wandel äußerer Faktoren, statt durch beständige innere Werte verankert zu sein.[4]

❖ ❖ ❖

Eine der wichtigsten Arten, Integrität zu zeigen, ist die, auch Abwesenden gegenüber loyal zu sein. Das baut das Vertrauen der Anwesenden auf. Wenn Sie die Abwesenden verteidigen, erhalten Sie das Vertrauen der Anwesenden.[7]

❖ ❖ ❖

Unser Charakter besteht im Wesentlichen aus unseren verschiedenen Gewohnheiten. Da es sich um gleich bleibende, oft unbewusste Muster handelt, bringen sie ständig, täglich unseren Charakter zum Ausdruck.

Menschen können nicht mit Wandel leben, wenn es in ihrem Inneren keinen unwandelbaren Kern gibt. Der Schlüssel zur Wandlungsfähigkeit liegt in einem unwandelbaren Gefühl dafür, wer wir sind, warum es uns gibt und was wir schätzen.[7]

❖ ❖ ❖

Prinzipientreue Menschen sind keine Extremisten – sie kennen nicht nur Ja oder Nein. Sie unterteilen die Welt nicht in gut oder schlecht, entweder/oder. Sie denken in Kontinuen, Prioritäten, Hierarchien.[3]

❖ ❖ ❖

Je mehr sich jemand darum schert, was andere Leute denken, desto weniger kann er es sich leisten, darauf zu schauen, was andere denken, weil ihn das zu sehr verletzen würde.[3]

❖ ❖ ❖

Die Wurzeln der Probleme, mit denen wir es in der Welt, in unseren Nationen, in unseren Familien und in unserem persönlichen Leben zu tun haben, sind spiritueller Art. Mögen sich diese Probleme auch in sozialen, wirtschaftlichen und politischen Symptomen manifestieren, so wurzeln sie doch im moralischen und spirituellen Unterbau – in jedem einzelnen Menschen sowie in seinen familiären Beziehungen.[4]

❖ ❖ ❖

Der unerfüllte Mensch neigt dazu, sich zurückzulehnen und anderen beim Leben zuzuschauen. Er spielt eine Rolle nach der anderen und verliert dabei rasch das Bewusstsein für seine wahre Rolle. Er erfährt sich selbst nur noch so, wie andere ihn haben wollen.[4]

❖ ❖ ❖

Tugend geht allmählich und schleichend verloren.[4]

❖ ❖ ❖

Ohne privaten Erfolg können wir auch keinen öffentlichen Erfolg –
das heißt, eine erfolgreiche Leistung – verbuchen.[4]

❖ ❖ ❖

Man spricht häufig von Identitätsdiebstahl, wenn jemand eine
Brieftasche stiehlt, sich als der Bestohlene ausgibt und dessen
Ausweis oder Kreditkarten nutzt. Ein viel schlimmerer Identitätsdiebstahl liegt jedoch vor, wenn wir ganz in dem aufgehen, wie
andere Menschen uns definieren.[5]

❖ ❖ ❖

Wenn wir unsere Stärke aus dem Label auf Hemd, Pullover,
Schuh oder Kleid, aus unserer Zugehörigkeit zu einem Club, aus
Einflussposition, Macht und Prestige, aus Auto, Haus oder anderen
Statussymbolen, aus unserem guten Aussehen, unserer stylischen
Kleidung, modischen Erscheinung, scharfen Zunge oder aus Aus-
zeichnungen und Referenzen herleiten, kompensieren wir damit
lediglich unsere innere Armut und Leere. Aber indem wir dies tun,
machen wir uns nur noch abhängiger von diesen Symbolen, vom
äußeren Schein, von oberflächlichen Werten und leisten der
Schwäche in uns weiter Vorschub.[4]

❖ ❖ ❖

Weisheit ist die Tochter der Integrität – des Integriertseins
um Prinzipien herum. Integrität wiederum ist die Tochter
von Bescheidenheit und Mut. Wir könnten sogar sagen, dass

Bescheidenheit die höchste und damit die Mutter aller Tugenden ist, da sie anerkennt, dass es Naturgesetze und Prinzipien gibt, die über das Universum herrschen. Es geht nach ihnen, nicht nach uns. Der Stolz lehrt uns, dass wir die Kontrolle haben. Die Bescheidenheit lehrt uns, die Prinzipien zu verstehen und nach ihnen zu leben, weil sie letztendlich die Konsequenzen unserer Handlungen bestimmen. Wenn Bescheidenheit die Mutter der Weisheit ist, ist der Mut ihr Vater. Wirklich nach diesen Prinzipien zu leben, wenn sie im Widerspruch zu den Sitten, Normen und Werten der Gesellschaft stehen, erfordert nämlich ungeheuer viel Mut.[8]

❖ ❖ ❖

Sie können sich nicht aus Problemen herausreden, die Sie durch Ihr eigenes Verhalten schaffen.[7]

❖ ❖ ❖

Sie müssen entscheiden, was Ihre höchsten Prioritäten sind, und den Mut haben, zu anderen Dingen »Nein« zu sagen – freundlich, lächelnd, ganz selbstverständlich. Und das schaffen Sie, wenn in Ihrem Inneren ein noch größeres »Ja« lodert.[7]

❖ ❖ ❖

Unsere Probleme beginnen als Erstes in unserem eigenen Herzen.[4]

Das Prinzip
des
Lernens

*Z*weimal jährlich pilgern Studenten des Indian Institute of Management in Ahmedabad acht bis zehn Tage durchs Land. *Auf einem Fußmarsch, dem* shodhyatra, *halten sie in entlegenen Dörfern Indiens nach 3. Alternativen Ausschau. Sie suchen nach verrückten Ideen, seltsamen oder neuen, aus der Not heraus geborenen Schöpfungen. Die* shodhyatris *achten auf die kleinsten positiven Abweichungen. Sobald sie eine ungewöhnliche Methode oder ein von einem Bauern oder Handwerker erfundenes Gerät aufspüren, dokumentieren sie das Ganze im Honey Bee Network, einer staatlichen Organisation zur Förderung neuen Wissens. ...*

Die shodhyatris *dokumentieren mit derselben Sorgfalt alles von Kräuterrezepten über seltsame Verwendungsweisen von bekannten Geräten, wie etwa den alten Sony-Walkman, der als Antrieb für einen Ventilator dient, bis hin zu regionalen Curryrezepten. Sie erleben dabei auch kleine Wunder, beispielsweise ein Kind, das die Namen und Verwendungsweisen von mehr als 300 lokalen Pflanzen aufsagen kann. Häufig entdecken sie wahrhaft innovative Ideen, die geeignet sind, das Leben der Armen nachhaltig zu verändern. Ein glücklicher Fund war der »Mitti Cool«-Kühlschrank von Mansukh Prajapatis. Zu seinen Erfindungen gehören auch ein motorradgezogener Pflug und eine Tonpfanne, die Berichten zufolge ebenso gut funktioniert wie eine Teflonpfanne, aber nur einen Dollar kostet.*

Der Erfinder eines Geräts zum Besteigen von Kokospalmen verkauft dieses inzwischen an Kletterer in aller Welt. Eine aus einem Bauerndorf stammende Kräutercreme gegen Ekzeme ist heute ein weltweiter Verkaufs-

schlager. Ein anderer erfand ein Amphibienfahrrad, mit dem er den Fluss überqueren und seine Freundin besuchen konnte. »*Ich konnte nicht auf die Fähre warten*«*, meinte er.* »*Ich musste meine Geliebte sehen. Meine Verzweiflung machte mich zum Erfinder. Selbst die Liebe braucht technologische Unterstützung.*«[5]

❖ ❖ ❖

Die pro-aktive Art, mit einem Fehler umzugehen, ist die, ihn sofort anzuerkennen, zu korrigieren und aus ihm zu lernen. Das macht buchstäblich aus jedem Fehler einen Erfolg.[7]

❖ ❖ ❖

Das Zugeben unserer Unwissenheit ist oft der erste Schritt in unserer Weiterbildung.[7]

❖ ❖ ❖

Fast jeder bedeutsame Durchbruch auf wissenschaftlichem Gebiet beginnt mit einem Bruch – mit der Tradition, mit alten Denkweisen, mit alten Paradigmen.[7]

❖ ❖ ❖

Erziehen Sie Ihr Gewissen und hören Sie darauf. Erziehen Sie Ihr Gewissen, indem Sie Dinge lesen, die Sie in besonderem Maße inspirieren. Wenden Sie das Gelesene an. Auf diese Weise setzen Sie den Erziehungsprozess sukzessive fort. Das Licht wird immer heller.[21]

❖ ❖ ❖

Die Erziehung des Herzens stellt eine notwendige Ergänzung zur Erziehung des Verstandes dar.[1]

❖ ❖ ❖

Ich glaube an ein irgendwie geartetes System der Selbsterziehung. Es brauchen keine Klassen oder Kurse zu sein. Es reichen formlose Diskussionsgruppen oder ein klar ausgerichtetes Lektüreprogramm. Aber ohne irgendein System oder eine äußere Disziplin neigen die meisten Erwachsenen dazu, nach einem guten Start schon bald das Handtuch zu werfen und in die alten Gewohnheiten zurückzufallen.[4]

❖ ❖ ❖

Wenn wir nicht die Lehrer unserer Kinder sind, wird die Gesellschaft diese Rolle übernehmen. Und dann werden sie – und auch wir – mit den Ergebnissen leben müssen.[6]

❖ ❖ ❖

Wenn Sie Ihr Familienleben so organisieren, dass Sie jeden Morgen einige Minuten etwas gemeinsam lesen, was Sie mit Ihren Werten und Prinzipien verbindet, werden Sie tagsüber ganz bestimmt bessere Entscheidungen treffen – in der Familie, im Beruf, in allen Bereichen des Lebens. Denn dann werden Sie enger mit dem verbunden sein, was am wichtigsten ist.[6]

❖ ❖ ❖

Der wichtigste Wert der Erziehung ist nicht finanzieller oder beruflicher, sondern persönlicher, spiritueller und charakterbildender Art. Sie können ein besserer Ehemann und Vater, eine bessere Ehefrau und Mutter und ein besserer Bürger werden. Sie lernen, analytisch und kreativ zu denken. Sie lernen, klar und überzeugend zu schreiben und zu kommunizieren. Sie lernen, mit Verstand zu lesen. Sie lernen, das Leben und seine Probleme mit eigenen Augen zu sehen. Ihr Grundwissen wird vertieft und vergrößert, Ihr Horizont erweitert. Sie lernen, sich in andere hineinzufühlen und ihren Beitrag wertzuschätzen. Sie haben die Chance, ein in jeder Hinsicht reiferer, ausgeglichenerer, fähigerer und weiserer Mensch zu werden.[4]

❖ ❖ ❖

Zu wissen und dies nicht umzusetzen, ist nicht zu wissen.[7]

❖ ❖ ❖

Wahre Erkenntnis ist ein Daseinszustand.[4]

❖ ❖ ❖

Als der Präsident der Vereinigten Staaten mich fragte, was es bräuchte, um die Erziehung in unserem Land zu verbessern, antwortete ich:»Partnerschaften zwischen Schulen und Eltern zur Erziehung des ganzen Kindes, wozu die Entwicklung sowohl der Charakterstärke als auch der Fähigkeiten gehört, die der Mensch braucht, um im 21. Jahrhundert wirklich erfolgreich zu sein.«[15]

Das Prinzip
der
Liebe

*E*inmal kam ein Mann zu mir und sagte mir im Vertrauen: »Meine Frau und ich haben einfach nicht mehr die gleichen Gefühle füreinander wie früher. Ich glaube, ich liebe sie einfach nicht mehr, und sie mich auch nicht. Was kann ich tun?«

»Das Gefühl ist nicht mehr da?«, fragte ich.

»Richtig, und wir haben drei Kinder, um die wir uns sorgen. Was schlägst du vor?«

»Liebe sie«, antwortete ich.

»Aber ich sage doch, das Gefühl ist einfach nicht mehr da.«

»Liebe sie.«

»Du verstehst nicht. Das Gefühl von Liebe ist einfach nicht da.«

»Dann liebe sie. Wenn das Gefühl nicht da ist, dann ist das ein guter Grund, sie zu lieben.«

»Aber wie liebt man denn, wenn man nicht liebt?«

»Lieben ist ein Verb, mein Freund. Liebe – das Gefühl – ist eine Frucht des Liebens, des Tuns. Also liebe sie. Diene ihr. Bringe Opfer. Höre ihr zu. Fühle mit ihr. Schätze sie. Bestätige sie. Bist du dazu bereit?«[7]

❖ ❖ ❖

Wie Sie den einen behandeln, verrät, wie Sie die vielen betrachten, denn letzten Endes ist jeder einer.[7]

❖ ❖ ❖

Ich habe einen Freund, dessen Sohn eine große Begeisterung für Baseball entwickelte. Er selbst konnte sich überhaupt nicht dafür begeistern. Aber nach einer Weile fuhr er mit seinem Sohn zu allen erreichbaren großen Spielen. Das dauerte etliche Wochen und kostete ein kleines Vermögen, aber es wurde zu einer starken, verbindenden Erfahrung in der Beziehung. Schließlich fragten Bekannte meinen Freund, ob er denn Baseball so sehr möge. »Nein, aber ich mag meinen Sohn so sehr«, war seine Antwort.[7]

❖ ❖ ❖

Wenn ich bei Ihnen durch Höflichkeit, Freundlichkeit, Ehrlichkeit und Zuverlässigkeit Einzahlungen auf mein emotionales Beziehungskonto mache, dann baue ich Reserven auf. Ihr Vertrauen zu mir wird stärker, und ich kann es, wenn nötig, mehrfach beanspruchen. Ich kann sogar Fehler machen. Diese Vertrauensebene, diese emotionale Reserve wird sie aufwiegen. Meine Kommunikation mag unklar sein, aber Sie werden dennoch verstehen, was ich meine. Sie werden mich nicht auf Worte festnageln. Wenn das Vertrauenskonto groß ist, ist die Kommunikation leicht, schnell und effektiv.[7]

❖ ❖ ❖

Indem Eltern den Gesetzen der Liebe gehorchen, ermuntern sie zum Gehorsam gegenüber den Gesetzen des Lebens. Wenn Sie einen angenehmeren, kooperativeren Teenager haben wollen, dann seien Sie als Mutter oder Vater verständnisvoller, einfühlender, beständiger, liebevoller.[7]

❖ ❖ ❖

In Beziehungen sind oft die Kleinigkeiten die wirklich wichtigen Dinge.[7]

❖ ❖ ❖

Der ehrgeizgetriebene Mensch ist von seinen eigenen Belangen zutiefst eingenommen. Er betrachtet sogar seine Kinder als Besitztümer und versucht häufig, ihnen ein Verhalten aufzudrücken, das seine eigene Beliebtheit und sein Ansehen in den Augen Dritter fördert. Diese Form von besitzergreifender Liebe ist zerstörerisch.[4]

❖ ❖ ❖

Die Gesetze der Liebe besagen im Kern, dass wir einander akzeptieren, wie wir sind, dass wir uns verständnisvoll zuhören, unsere jeweiligen Gefühle respektieren und geduldig und mit Beteiligung des Herzens an unseren Beziehungen arbeiten.[4]

❖ ❖ ❖

Thomas Wolfe hatte Unrecht: Es führt doch ein Weg zurück nach Hause – wenn unser Heim eine Beziehung ist, die wir wie einen Schatz hüten, eine kostbare Gemeinschaft.[7]

Das Prinzip
Mut

*I*ch hatte einen Bekannten, der sehr frustriert war, weil sein Chef in einem von ihm als unproduktiv empfundenen Führungsstil gefangen war.

»Wieso arbeitet er nicht daran?«, fragte er mich. »Ich habe mit ihm darüber gesprochen, er ist sich dessen bewusst, aber er tut nichts.«

»Nun, warum schilderst du ihm das nicht effektiv?«

»Habe ich schon«, gab er zurück.

»Wie definierst du effektiv? Wen schicken sie denn in das Training zurück, wenn der Verkäufer nichts verkauft – den Kunden? Effektiv heißt, dass es funktioniert. Hast du die Veränderung erreicht, die du willst? Hast du dabei die Beziehung aufgebaut? Welche Ergebnisse hatte deine Darstellung der Dinge?«

»Ich sag' doch, gar keine. Er wollte nicht zuhören.«

»Dann liefere eine effektive Darstellung. Du musst mit seinem Kopf mitfühlen. Du musst in seinen Denkrahmen kommen. Du musst deinen Standpunkt einfach und verständlich machen, und du musst die von ihm bevorzugte Alternative besser beschreiben, als er das selbst kann. Dazu wirst du ein paar Hausaufgaben machen müssen. Bist du dazu bereit?«

»Warum muss das denn alles sein?«, fragte er.

»Du willst also mit anderen Worten, dass er seinen ganzen Führungsstil ändert, aber du bist nicht bereit, deine Methode der Darstellung zu ändern?«

»Sieht so aus«, erwiderte er.

»Nun denn«, sagte ich, »dann lächle darüber und lerne, damit zu leben.«

»*Ich kann nicht damit leben*«, meinte er. »*Es kompromittiert meine Integrität.*«

»*Okay, dann beginne mit einer effektiven Darstellung deiner Meinung.*«

Letzten Endes wollte er nicht. Die Investition erschien ihm zu groß.[7]

❖ ❖ ❖

Viele Leute denken in Dichotomien, im Sinn von entweder/oder. Ihrer Ansicht nach ist man nicht stark, wenn man nett ist. Gewinn/ Gewinn ist aber nett ... und stark![7]

❖ ❖ ❖

Das größte Risiko ist das des risikolosen Lebens.[8]

❖ ❖ ❖

Die einzige reale Möglichkeit, eine Beziehung zu stärken, die eine Belastung erfahren hat, ist die unter vier Augen – indem wir auf die betreffende Person zugehen und uns um Versöhnung bemühen, über die Angelegenheit sprechen, um Verzeihung bitten, vergeben, oder was auch immer erforderlich ist.[21]

❖ ❖ ❖

Probleme, über die wir keine Kontrolle haben, erfordern, dass wir die Verantwortung für unseren Gesichtsausdruck übernehmen, lächeln, diese Probleme wirklich und ruhig akzeptieren und mit ihnen leben lernen, auch wenn wir sie nicht mögen. Auf diese Weise geben wir den Problemen nicht die Macht, uns unter Kontrolle zu haben.[7]

Das Prinzip
des
Potenzials

*I*m Sommer 1988 brach im Yellowstone-Nationalpark ein Feuer aus. Anfangs machte man sich deswegen allerdings keine großen Sorgen – dort gibt es häufig Brände, die gewöhnlich von selbst wieder ausgehen. Diesmal war das jedoch anders. Starker Wind und extreme Dürre ließen eine furchtbare Feuersbrunst entstehen. Am Ende des Sommers waren Tausende von Quadratkilometern in Flammen aufgegangen. Es sah so aus, als wäre Yellowstone – das Juwel unter den Nationalparks – unwiederbringlich zerstört.

Doch die Natur eroberte sich den Park zurück. Schon nach einem Jahr bedeckten winzige Nadelbäume den ausgebrannten Boden. Inzwischen sind neue Wälder herangewachsen. Es hat sich herausgestellt, dass die berühmten Drehkiefern von Yellowstone ihre Samen nur durch die Hitze des Feuers freisetzen können. Das Feuer zerstörte den Park nicht. Im Gegenteil: Es erneuerte ihn!

Die Wirtschaft des 21. Jahrhunderts bringt für uns alle gehörige Turbulenzen – und das wird sich wohl nicht so bald ändern. Die grundlegende Verlagerung hin zu einer Wissensgesellschaft hat viele Menschen aus der Bahn geworfen. Manche sehen nur Katastrophen, als würde die Zukunft – wie beim Feuer im Yellowstone-Nationalpark – in Schutt und Asche liegen. Sie sehen nur Millionen von Jobs und ganze Branchen, die in Rauch aufgegangen sind – eine öde, kahle Wirtschaftslandschaft.

Viele erkennen in der aktuellen Wirtschaftslage jedoch Chancen, von denen bisher niemand zu träumen wagte, in Branchen, die vor ein paar Jahren noch gar nicht existierten. Was manche für eine Katastrophe halten, trägt für andere die Saat der Erneuerung in sich. Natürlich sind die

Probleme der Welt deswegen nicht einfach verschwunden. Aber intelligente, tatkräftige Menschen können einen wichtigen Beitrag zu ihrer Lösung leisten.[2]

❖ ❖ ❖

Ich bin viel mehr als meine Position, meine Ideologie, meine Familie, mein Team, mein Unternehmen oder meine Partei. Ich bin auch kein Opfer irgendwelcher unglücklicher Umstände, sondern ein Mensch, der für sein Schicksal verantwortlich ist.[5]

❖ ❖ ❖

Ich persönlich bin überzeugt, dass in jeder Situation und in jedem Unternehmen schon ein Mensch allein in der Lage ist, Veränderungen anzustoßen und wichtige Prozesse in Gang zu setzen. Ein solcher Mensch ist wie die Hefe, die ein ganzes Brot zum Gären bringt. Wer die führende Rolle in einem Veränderungsprozess wahrnehmen will, benötigt dazu eine Vision, Initiative, Geduld, Respekt, Ausdauer, Mut und Glauben.[3]

❖ ❖ ❖

Ich stelle meinen Zuhörern oft die Frage: »Wie viele von Ihnen sind auch der Ansicht, dass die große Mehrheit der Leute in Ihrem Unternehmen über viel mehr Talent, Intelligenz, Fähigkeiten und Kreativität verfügt, als ihr derzeitiger Job erfordert oder auch nur zulässt?« Die überwältigende Mehrheit hebt die Hand.[8]

❖ ❖ ❖

Können Sie sich vorstellen, welche immensen Kosten es bedeutet, dass man die Leidenschaft, das Talent und die Intelligenz der Leute nicht ganz ausschöpft? Sie übersteigen die Summe aller Steuern, Zinszahlungen und Arbeitskosten bei weitem![8]

❖ ❖ ❖

Unser wichtigster finanzieller Faktor ist unsere Fähigkeit, Geld zu verdienen.[7]

❖ ❖ ❖

Der 8. Weg ist, die innere Stimme zu finden und andere zu inspirieren, ihre innere Stimme zu finden.[8]

❖ ❖ ❖

Wir alle – Alte wie Junge, Reiche wie Arme, Männer wie Frauen – wählen einen der beiden Lebenswege: den breiten ausgetretenen Weg zur Mittelmäßigkeit oder den Weg zu wahrer Größe und Sinnhaftigkeit.[8]

❖ ❖ ❖

Unsere innere Stimme liegt genau in der Schnittmenge von Talent, Leidenschaft, Bedürfnissen und Gewissen. Wenn wir eine Arbeit übernehmen, die unser Talent anzapft und unsere Leidenschaft nährt, eine Arbeit, die aus einem großen Bedürfnis in der Welt erwächst, zu dessen Erfüllung unser Gewissen uns drängt, dann liegt genau darin unsere innere Stimme, unsere Berufung, der Code unserer Seele.[8]

❖ ❖ ❖

Wir sind fähig, uns selbst zu beobachten und unsere Überzeugungen und Handlungen auf den Prüfstand zu stellen. Oder anders ausgedrückt: Wir können unser Denken zum Gegenstand unseres Denkens machen.[5]

Das Prinzip
der
Synergie

*I*ch gehöre zu einer World Leadership Group, die sich um verbesserte Beziehungen zwischen dem Westen und der islamischen Welt bemüht. Dort sind eine ehemalige US-Außenministerin, bekannte Imame und Rabbis, Manager und Unternehmer aus der ganzen Welt sowie Konfliktlösungsexperten vertreten. Bei unserer ersten Zusammenkunft zeigte sich, dass jeder Teilnehmer seine eigene Agenda mitgebracht hatte. Die Atmosphäre war eher steif und unterkühlt, die Spannungen waren deutlich zu spüren. Das war am Sonntag.

Ich bat die Teilnehmer, ihnen ein Prinzip vorstellen zu dürfen, bevor wir weitermachten. Ich bekam die Erlaubnis und vermittelte ihnen die Botschaft vom Prinzip der Synergie.

Bis Dienstagabend hatte sich die Stimmung komplett verändert. Alle hatten ihre eigenen Interessen zurückgestellt und wir waren zu einer chancenreichen Lösung gekommen, mit der niemand gerechnet hatte. Die Anwesenden waren voller Achtung und Sympathie füreinander – das konnte man sehen und spüren. Die ehemalige Außenministerin flüsterte mir zu: »So etwas habe ich noch nie erlebt. Was Sie hier geschafft haben, könnte die internationale Diplomatie revolutionieren.«[5]

❖ ❖ ❖

Natürlich brauchen wir Gesetze; andernfalls würde unsere Gesellschaft verfallen. Gesetze sichern das Überleben, aber sie schaffen keine Synergie. Bestenfalls resultieren sie in Kompromissen.[7]

❖ ❖ ❖

Konflikte gehören zum Leben. Weshalb? Ganz einfach: Meist kommen Meinungsverschiedenheiten auf, wenn Menschen anfangen, ernsthaft über ihre Arbeit nachzudenken. Wenn ich von dem »Geschenk des Konflikts« spreche, schauen mich die Leute oft schief an. Aber was ich damit sagen will, ist Folgendes: Jeder, der mitdenkt, unterscheidet sich automatisch von den anderen. Wenn sich also jemand die Mühe macht, seine Meinung mit Leidenschaft zum Ausdruck zu bringen, sollten wir das ebenso leidenschaftlich begrüßen und ihm aufmerksam zuhören.[5]

❖ ❖ ❖

Jedes Kind ist eine »3. Alternative«, ein eigenständiges Wesen mit Anlagen, die es kein zweites Mal gibt. Diese sind keineswegs identisch mit der Summe der Anlagen der Eltern. Jedes Kind ist einzigartig in der Welt und sein kreatives Potenzial ist gewaltig.[5]

❖ ❖ ❖

Wie schafft jemand in geschäftlichen Dingen eine Gewinn/Gewinn-Situation? Was passiert, wenn eine Seite stärker profitiert als die andere? Wenn der Vorteil für die eine Seite größer ist, handelt es sich um eine Gewinn/Verlust-Situation. Für den Gewinner mag das eine Weile lang wie ein Gewinn aussehen; langfristig aber sind Missgunst und Misstrauen die Folge. Ein Gewinn/Gewinn-Ergebnis erhält man schlicht, indem man fragt: »Wie können wir beide in dieser Situation gewinnen?« Was Sie suchen, ist eine 3. Alternative, die besser ist, als das, was jeder von Ihnen allein hätte zustande bringen können.[17]

❖ ❖ ❖

Wenn zwei Leute der gleichen Ansicht sind, ist einer von beiden überflüssig.[7]

❖ ❖ ❖

Unsichere Menschen denken, jede Wirklichkeit müsse ihren Paradigmen gehorchen. Sie verspüren einen starken Drang, andere Menschen nach ihren eigenen Vorstellungen zu formen und zu manipulieren. Sie verstehen nicht, dass die Stärke einer Beziehung gerade in der Verschiedenheit der Standpunkte begründet liegt. Gleichheit ist nicht Einheit; Uniformität ist nicht Eintracht.[7]

❖ ❖ ❖

Beteiligen Sie die Menschen an dem Problem, lassen Sie sie darin eintauchen, damit es sie ganz durchdringt und sie ein Gefühl dafür bekommen, dass es ihr Problem ist.[7]

❖ ❖ ❖

Ist es logisch, dass zwei Menschen uneins sein und beide Recht haben können? Das ist nicht logisch: Es ist psychologisch.[7]

❖ ❖ ❖

Es ist aufregend, sich auf völlig andere Sichtweisen einzulassen und zu sehen, wie man, indem man sie zusammenbringt, auf Lösungen kommt, an die niemand zuvor gedacht hat. Natürlich wird das häufig erschwert durch Defensivität, das Territorialprinzip und das *Not-Invented-Here*-Syndrom.[17]

❖ ❖ ❖

Viele Leute haben in ihrem Familienleben oder bei anderen Interaktionen noch nie auch nur einen bescheidenen Grad von Synergie
erlebt. Sie sind auf defensive oder protektionistische Kommunikation
gedrillt oder glauben, dass man dem Leben oder anderen Menschen
nicht trauen könne.[7]

❖ ❖ ❖

Die meisten Unternehmer haben eine Vorliebe für Unabhängigkeit.
Sie ziehen es vor, Dinge im Alleingang zu tun. Aber wenn Sie
regelmäßig »Unternehmer-des-Jahres«-Veranstaltungen besuchen,
lernen sie, dass dort fast ausschließlich Teams gewinnen.[14]

❖ ❖ ❖

Die meisten Besprechungen sind reine Zeitverschwendung, weil
sie schlecht vorbereitet sind und kaum Gelegenheit bieten, im Sinne
wahrer Synergie gemeinsam bessere Lösungen zu entwickeln.[16]

❖ ❖ ❖

Den meisten Verhandlungsführern geht es nur darum, sich durch-
zusetzen. Nach langem Feilschen gelangen sie in der Regel zu einem
Kompromiss, bei dem beide Seiten im Interesse einer Einigung
Zugeständnisse machen. Eine 3. Alternative hingegen verlangt
keine Zugeständnisse, weil sie für alle Beteiligten die denkbar beste
Lösung darstellt. Man gelangt zu ihr nicht durch Feilschen, sondern
indem man fragt: »Sind Sie bereit für eine Lösung, die besser ist als
die, die jeder von uns beiden bisher im Sinn hat?«[17]

❖ ❖ ❖

Öffentlicher Erfolg heißt nicht, über andere Menschen zu siegen. Er bedeutet Erfolg bei effektiven Interaktionen, die allen Beteiligten gleichermaßen förderliche Ergebnisse bringen. Öffentlicher Erfolg heißt, zusammen zu arbeiten, miteinander zu kommunizieren, gemeinsam Dinge zu Stande zu bringen, die keiner allein und unabhängig von den anderen schaffen könnte.[7]

❖ ❖ ❖

Echte Innovationen brauchen Synergie – und Synergie braucht Vielfalt. Zwei Menschen, die exakt die gleiche Sicht der Welt haben, können keine Synergie schaffen. In ihrem Fall ist eins plus eins gleich zwei. Doch sobald zwei Menschen unterschiedliche Ansichten haben, ist Synergie möglich. Dann kann eins plus eins gleich drei oder auch tausend sein.[5]

❖ ❖ ❖

Synergie finden wir überall in der Natur. Wenn Sie zwei Pflanzen eng zusammensetzen, umschlingen die Wurzeln einander und verbessern die Qualität des Bodens, so dass beide Pflanzen besser wachsen, als wenn sie allein stünden. Wenn Sie zwei Hölzer miteinander verbinden, tragen sie viel mehr, als sie zusammengerechnet jedes für sich tragen könnten. Das Ganze ist größer als die Summe seiner Teile. Eins plus eins ist gleich drei oder mehr.[7]

❖ ❖ ❖

Synergie ist kein Kompromiss. Bei einem Kompromiss ergibt eins plus eins bestenfalls eineinhalb.[5]

❖ ❖ ❖

Bei der oberflächlichen Konfliktlösungsmethode geht es in erster Linie um »mich«. Die zentrale Frage lautet: »Wie bekomme ich, was ich will, ohne dass ich mehr Schaden anrichte als unbedingt nötig?« Bei einem beziehungsverändernden Konfliktlösungsansatz dagegen dreht sich alles um »uns«. Hier lautet die Frage: »Wie finden wir gemeinsam eine Lösung, die besser ist als die, die jeder von uns beiden bisher im Sinn hatte?«[5]

❖ ❖ ❖

Die Unterschiede wertzuschätzen – die mentalen, emotionalen, psychischen Unterschiede zwischen Menschen –, ist die Essenz von Synergie. Und der Schlüssel zur Wertschätzung dieser Unterschiede ist die Erkenntnis, dass jeder Mensch die Welt nicht so sieht, wie sie ist, sondern so, wie er ist.[7]

❖ ❖ ❖

Wenn sich zwei Leute nicht auf einen Kompromiss verständigen können, muss das nicht schlecht sein – denn dann ist möglicherweise der Weg frei für eine 3. Alternative. Bei einem Kompromiss verlieren wir alle etwas; bei einer 3. Alternative gewinnen wir alle.[18]

Das Prinzip
der
Verantwortung

*M*ein damals siebenjähriger Sohn Stephen erklärte sich bereit, sich eigenverantwortlich um den Garten zu kümmern.

»Siehst du, dass der Garten von unserem Nachbarn grün und sauber ist, Junge? Genau das wollen wir auch: grün und sauber. Schau dir jetzt unseren Garten an – siehst du die verschiedenen Farben? Das wollen wir nicht, das ist nicht grün! Grün und sauber, das wollen wir.«

Ich trainierte ihn zwei Wochen lang und bot ihm an, ihm zu helfen, wenn ich Zeit hätte. Dann hatte ich das Gefühl, dass er so weit war, die Aufgabe zu übernehmen.

Es war Sonnabend – und er tat nichts. Sonntag – auch nichts. Montag – immer noch nichts. Als ich am Dienstag mit dem Auto aus der Einfahrt setzte, um zur Arbeit zu fahren, betrachtete ich den vertrockneten, gelben Garten, in dem alles Mögliche herumlag, und die Julisonne, die schon herabbrannte. Das konnte ich nicht hinnehmen. Ich war so weit, zur Aufgaben-Delegation zurückzukehren. Aber was würde mit Stephens innerer Verpflichtung passieren?

Also setzte ich ein falsches Lächeln auf und rief über die Straße: »Hallo, Stephen! Wie steht's?«

»Gut!«

Ich biss mir auf die Zunge und wartete bis nach dem Abendbrot. Dann sagte ich: »Junge, lass uns jetzt das machen, was wir vereinbart haben. Lass uns zusammen in den Garten gehen. Zeig mir, wie es mit der Aufgabe läuft, die ich dir anvertraut habe.«

Wir gingen also zur Tür; sein Kinn fing an zu zittern und ihm kamen die Tränen. Als wir die Mitte des Gartens erreicht hatten, wimmerte er.

»Es ist so schwer, Papi!«

»Was ist denn so schwer?«, dachte ich. »Du hast ja überhaupt nichts gemacht!« Doch ich wusste, was schwer war: Selbstmanagement, Selbstüberwachung. Also fragte ich ihn: »Kann ich dir irgendwie helfen?«

»Würdest du das wirklich machen, Papi?«, schniefte er.

»Was haben wir vereinbart?«

»Du hast gesagt, dass du mir hilfst, wenn du Zeit hast.«

»Ich habe Zeit.«

Er rannte ins Haus und kam mit zwei Tüten zurück. Eine gab er mir. »Hebst du bitte das Zeug da auf?« Er zeigte auf den Müll vom Grillen am Sonnabend. »Das sieht wirklich hässlich aus!«

Also tat ich das. Ich machte genau das, wozu er mich aufforderte. Und da unterzeichnete er die Vereinbarung in seinem Herzen. Es wurde sein Garten, von nun an war er für ihn verantwortlich.

Stephen bat mich dann den ganzen Sommer über nur noch zwei- oder dreimal um Hilfe. Er kümmerte sich selbst um den Garten. Er pflegte ihn so, dass er grüner und sauberer war als in jener Zeit, als ich für ihn verantwortlich war.[7]

❖ ❖ ❖

Wer Rechenschaft über sein Verhalten ablegt, lernt, Verantwortung zu übernehmen.[3]

❖ ❖ ❖

Wir alle interessieren uns gerne für Dinge, die außerhalb unseres Zuständigkeitsbereichs liegen, und das ist in Ordnung. Aber die beste Möglichkeit, um mehr Einfluss zu gewinnen, liegt darin, uns auf unseren Verantwortungsbereich zu konzentrieren.[4]

❖ ❖ ❖

Die Leute auf dem Kurs der Verantwortlichkeit zu halten, ist nicht erniedrigend, sondern affirmativ.[7]

❖ ❖ ❖

Einen Fehler zu machen, ist eine Sache, ihn nicht zuzugeben, eine andere. Menschen vergeben Fehler, denn es sind gewöhnlich Denkfehler, Beurteilungsfehler. Aber die Fehler des Herzens, die böse Absicht, die schlechten Motive, das stolze, rechtfertigende Verdecken des ersten Fehlers, werden sie nicht leicht verzeihen.[7]

❖ ❖ ❖

Benutzen Sie niemals das Wort »Versprechen«, wenn Sie nicht uneingeschränkt bereit sind, den Preis zu zahlen, den seine Einhaltung kostet.[8]

❖ ❖ ❖

Nichts zerstört das Vertrauen so schnell, wie ein Versprechen, das gebrochen wird. Auch die Umkehrung gilt: Nichts baut größeres Vertrauen auf und stärkt es mehr, als ein gegebenes Versprechen zu halten.[8]

❖ ❖ ❖

Indem wir Menschen vor den natürlichen Folgen ihres eigenen Handelns bewahren, leisten wir der Verantwortungslosigkeit Vorschub.[4]

❖ ❖ ❖

Die Ursache für fast alle Beziehungsschwierigkeiten liegt in widersprüchlichen oder unterschiedlichen Erwartungen bezüglich Rollen und Zielen.[7]

❖ ❖ ❖

Das Prinzip der Verantwortung besagt, dass wir uns auf unseren Zuständigkeitsbereich konzentrieren, auf unsere eigene Aufgabe, worin auch immer diese besteht. Wir konzentrieren uns auf unsere Pflicht und machen das Beste daraus, indem wir mehr tun, als von uns erwartet wird, und indem wir ihr eine tiefere Bedeutung verleihen. Als Ehemann und Familienvater beispielsweise konzentrieren wir uns auf unsere Rolle als edles Vorbild für unsere Kinder und als freundlicher und verständnisvoller Ehepartner.[4]

❖ ❖ ❖

Um die Situation zu verbessern, in der wir uns befinden, müssen wir uns selbst verbessern. Wenn Sie wollen, dass Ihre Ehefrau sich verändert, müssen Sie selbst sich ändern. Wenn Ihnen die innere Einstellung Ihres Ehemannes nicht gefällt, müssen Sie an Ihrer eigenen Haltung arbeiten. Wenn Sie sich nach mehr Freiheit sehnen, müssen Sie mehr Verantwortung übernehmen und disziplinierter werden.[4]

❖ ❖ ❖

Wenn wir unsere Kinder zu Gehorsam erziehen wollen, müssen wir selbst ihnen diesen Gehorsam am Beispiel bestimmter Gesetze und Prinzipien vorleben.[4]

❖ ❖ ❖

Wenn wir eine zerbrochene Beziehung wiederherstellen wollen,
müssen wir in unser eigenes Herz blicken und erkennen, wo
wir selbst für das Geschehen verantwortlich sind und wo wir
selbst Fehler gemacht haben. Es ist einfach, den Unbeteiligten zu
mimen und allein auf den Schwächen der anderen herumzureiten.
Damit befriedigen wir jedoch nur unseren Stolz und unsere
Selbstgerechtigkeit.[4]

❖ ❖ ❖

Wir sind nicht unsere Gefühle. Wir sind nicht unsere Stimmungen.
Wir sind nicht einmal unsere Gedanken. ... Selbstwahrnehmung
ermöglicht es uns, beiseitezutreten und sogar die Art und Weise zu
untersuchen, in der wir uns selbst »sehen«.[7]

❖ ❖ ❖

Ohne Beteiligung gibt es keine Bindung. Schreiben Sie's hin,
kreuzen Sie's an, unterstreichen Sie's. Keine Beteiligung, keine
Verbindlichkeit.[7]

Das Prinzip

des

Vertrauens

Ich kenne ein Restaurant, in dem es eine phantastische Muschelsuppe gab. Es war jeden Mittag knallvoll. Dann wurde der Betrieb verkauft, und der neue Besitzer schielte hauptsächlich nach den goldenen Eiern: Er gab weniger Muscheln in die Suppe.

Ungefähr einen Monat lang waren die Kosten niedriger, die Umsätze gleich und der Gewinn entsprechend höher. Aber nach und nach blieben die Kunden aus. Das Vertrauen war dahin, und im Lokal herrschte Flaute. Der neue Besitzer versuchte verzweifelt, den Laden wieder in Schwung zu bringen, aber er hatte die Kunden vernachlässigt, ihr Vertrauen missbraucht und damit den Wert Kundentreue verloren. Es gab keine Gans mehr, die goldene Eier hätte legen können.[7]

❖ ❖ ❖

Wenn Sie Vertrauen haben wollen, seien Sie vertrauenswürdig.[7]

❖ ❖ ❖

Wenn Sie die Abwesenden verteidigen, erhalten Sie das Vertrauen der Anwesenden.[7]

❖ ❖ ❖

Menschen vertrauen instinktiv den Menschen, deren Persönlichkeit auf korrekten Prinzipien gründet.[3]

❖ ❖ ❖

Es gibt Leute, denen wir absolut vertrauen, weil wir ihren Charakter kennen. Das hat nichts damit zu tun, ob sie nun redegewandt sind oder nicht, ob sie Techniken für zwischenmenschliche Beziehungen beherrschen oder nicht. Wir trauen ihnen, und wir arbeiten erfolgreich mit ihnen.[7]

❖ ❖ ❖

Vertrauen ist der Leim des Lebens. Es ist die wichtigste Zutat jeder effektiven Kommunikation. Es ist das Grundprinzip, das alle Beziehungen zusammenhält.[1]

❖ ❖ ❖

Die höchste Form der menschlichen Motivation ist Vertrauen.[7]

❖ ❖ ❖

Wir alle wissen, was ein finanzielles Bankkonto ist. Wir zahlen dort ein und bauen ein Guthaben auf, von dem wir abheben können, wenn es nötig ist. Ein emotionales Beziehungskonto ist eine Metapher, die beschreibt, wie viel Vertrauen in einer Beziehung aufgebaut worden ist. Es ist das Gefühl von Sicherheit, das Sie einem anderen Menschen gegenüber haben. Wenn ich bei Ihnen durch Höflichkeit, Freundlichkeit, Ehrlichkeit und Zuverlässigkeit Einzahlungen auf mein emotionales Beziehungskonto mache, dann baue ich Reserven auf.[7]

❖ ❖ ❖

Bei großem Vertrauen ist die Kommunikation einfach, sie erfordert keine Mühe. Und wenn man bei großem Vertrauen Fehler macht, spielen sie so gut wie keine Rolle. Die Leute kennen Sie ja.[8]

Das Prinzip
der
Vision

V or Ihrem inneren Auge sehen Sie, wie Sie sich zur Beerdigung eines geliebten Menschen begeben. Sie fahren mit dem Auto zur Friedhofskapelle, parken und steigen aus. Sie betreten das Gebäude und bemerken die Blumen und die sanfte Orgelmusik. Sie sehen die Gesichter von Freunden und Angehörigen. Sie spüren die gemeinsame Trauer über den Verlust, aber auch das Glück darüber, diesen Menschen gekannt zu haben.

Als Sie nach vorne gehen und in den offenen Sarg blicken, sehen Sie dort überraschend sich selbst liegen. Dies ist Ihre Beerdigung. Sie wird heute in drei Jahren sein. All diese Menschen sind gekommen, um Ihnen die letzte Ehre zu erweisen, Ihnen Liebe und Anerkennung für Ihr Leben auszusprechen.

Sie suchen sich einen Platz und warten auf den Beginn der Feier. Sie werfen einen Blick in das Programmheft. Es wird vier Redner geben. Der erste ist jemand aus Ihrer Familie, der engen und auch der weiteren – Kinder, Brüder, Schwestern, Nichten, Neffen, Tanten, Onkel, Kusinen, Vettern und Großeltern, die aus dem ganzen Land angereist sind, um dabei zu sein. Der zweite Sprecher ist einer Ihrer Freunde, jemand, der einen Eindruck davon vermitteln kann, wie Sie als Mensch waren. Der dritte Sprecher stammt aus Ihrer Berufswelt. Und der vierte kommt aus einer Organisation, beispielsweise dem Verein, bei dem Sie sich engagiert haben.

Nun denken Sie gründlich nach. Was würden Sie von jedem der Redner gern über sich und Ihr Leben hören? Welche Art von Ehepartner, Vater oder Mutter sollen die Worte beschreiben? Welche Art von Sohn,

Tochter, Vetter oder Kusine? Welche Art von Freund? Welche Art von Kollege?

Welchen Charakter sollen die Reden beschreiben? An welche Beiträge und Leistungen sollen sie erinnern? Schauen Sie sich die Anwesenden sorgfältig an. Was hätten Sie gern zu deren Leben beigetragen?[7]

❖ ❖ ❖

Persönliche Leitbilder werden, wenn sie auf korrekten Prinzipien basieren, zur persönlichen Verfassung, zur Basis für wesentliche, lebensbestimmende Beschlüsse, zur Grundlage für tägliche Entscheidungen inmitten all der Umstände und Emotionen, die auf unser Leben einwirken. Sie verleihen dem Individuum inmitten allen Wandels zeitlose Kraft.[7]

❖ ❖ ❖

Schon am Anfang das Ende im Sinn haben.[7]

❖ ❖ ❖

Zu Sein bedeutet zu sehen.[7]

❖ ❖ ❖

Wie anders unser Leben doch ist, wenn wir wirklich wissen, was uns im Innersten wichtig ist. Und wenn wir dieses Bild vor Augen haben, schaffen wir es jeden Tag wieder, das zu sein und zu tun, worauf es wirklich ankommt.[7]

❖ ❖ ❖

Wenn die Leiter nicht an der richtigen Mauer lehnt, bringt uns jeder Schritt einfach nur schneller an den falschen Ort.[7]

❖ ❖ ❖

Wenn wir ein Haus bauen, planen wir, noch bevor wir den ersten Spatenstich ansetzen, im Kopf das gesamte Haus bis fast ins letzte Detail und zeichnen danach unsere Grund- und Aufrisse. Deshalb stelle ich die Frage: Warum sollten wir nicht auch jeden Tag, jede Woche und jedes Jahr in unseren Köpfen erstehen lassen, bevor wir sie tatsächlich leben?[4]

❖ ❖ ❖

Ich kann mich verändern. Ich kann meine Vorstellungskraft entfalten, statt meinen Erinnerungen nachzuhängen. Ich kann mich an mein grenzenloses Potenzial hängen statt an meine begrenzende Vergangenheit.[7]

❖ ❖ ❖

Motivation ist ein Feuer aus dem Inneren. Versucht ein anderer, dieses Feuer in uns zu entfachen, wird es höchstwahrscheinlich nicht lange brennen.[21]

❖ ❖ ❖

Der Kern einer jeden Familie ist das, was unveränderlich ist, was immer da sein wird – gemeinsame Visionen und Werte.[7]

❖ ❖ ❖

Die Produktivität im Zeitalter der Informations-/Wissensarbeiter wird um das 50-Fache steigen – nicht um den Faktor zwei, drei oder auch zehn, sondern um den Faktor 50.[8]

❖ ❖ ❖

Die Zukunft liegt nicht in einem Job. Die einzige Zukunft liegt in uns selbst.[21]

❖ ❖ ❖

Es ist unmöglich, uns in unserem eigenen Leben auf Gewinn auszurichten, wenn wir nicht einmal, in einem grundsätzlichen Sinne, wissen, was einen Gewinn ausmacht – was also mit unseren innersten Werten im Einklang steht.[7]

❖ ❖ ❖

Mit unserer Vorstellungskraft können wir die noch unerschaffenen Welten des in uns liegenden Potenzials visualisieren.[7]

❖ ❖ ❖

Wenn wir uns erfolgreich verändern wollen, müssen wir zuerst unsere Wahrnehmungen verändern.[21]

Das Prinzip
der
Wahl

*B*ei einem meiner Vorträge über Pro-Aktivität erhob sich plötzlich eine Frau unter den Zuhörern und begann aufgeregt zu reden. Sie schien sehr glücklich zu sein.

»Sie können sich einfach nicht vorstellen, was mit mir passiert ist!«, rief sie aus. »Ich bin Krankenschwester bei einem sehr unglücklichen, sehr undankbaren Mann. Nichts ist ihm gut genug. Er zeigt niemals irgendwelche Anerkennung oder Dank. Dauernd kritisiert er an mir herum und findet an allem etwas auszusetzen. Dieser Mann hat mir das Leben schwer gemacht, und ich lasse meine Frustrationen oft an meiner Familie aus. Die anderen Krankenschwestern empfinden das genauso. Wir wünschen uns fast, dass er abtritt.

Und dass Sie den Nerv hatten, sich da oben hinzustellen und zu behaupten, nichts könne mich verletzen, niemand könne mir ohne meine Zustimmung wehtun, ich hätte selbst ein so erbärmliches emotionales Leben gewählt, nun, das konnte ich Ihnen einfach nicht abkaufen.

Aber ich dachte immer weiter darüber nach. Ich schaute tief in mich hinein und begann zu fragen: Habe ich die Macht, meine Reaktion zu wählen? Als ich schließlich erkannte, dass ich sie sehr wohl habe, als ich die bittere Pille geschluckt und eingesehen hatte, dass ich mich dafür entschieden hatte, unglücklich zu sein, da erkannte ich, dass ich mich auch entscheiden könnte, es nicht zu sein. In dem Moment bin ich aufgestanden. Ich hatte das Gefühl, aus dem Gefängnis freizukommen. Ich wollte es in die ganze Welt hinausbrüllen: Ich bin frei! Ich bin raus aus dem Gefängnis! Ich werde mich nicht mehr davon kontrollieren lassen, wie mich jemand anderes behandelt.«[7]

❖ ❖ ❖

Das Tor eines anderen können wir nicht öffnen, weder durch Argumente noch durch einen Appell an seine Gefühle.[7]

❖ ❖ ❖

Jeder Mensch bringt vier Begabungen mit – Selbstwahrnehmung, Gewissen, freier Wille und Vorstellungskraft. Ihnen verdankt er seine ultimative Freiheit: Die Freiheit, Entscheidungen zu treffen, selbstbestimmt zu reagieren und Dinge zu verändern.[1]

❖ ❖ ❖

Glücklichsein ist, genau wie Unglücklichsein, eine pro-aktive Wahl.[7]

❖ ❖ ❖

Glück ist, zumindest teilweise, die Frucht des Wunsches und der Möglichkeit, das, was wir jetzt wollen, dem zu opfern, was wir letztendlich wollen.[7]

❖ ❖ ❖

Ich bin nicht das Ergebnis meiner Umstände. Ich bin das Ergebnis meiner Entscheidungen.[21]

❖ ❖ ❖

Ich bringe den Leuten bei, wie sie mich behandeln sollen, indem ich ihnen nur bestimmte Verhaltensweisen durchgehen lasse.[21]

❖ ❖ ❖

Wenn ich meine Situation verbessern will, kann ich am besten an der Stelle ansetzen, über die ich wirklich die Kontrolle habe – bei mir selbst.[7]

❖ ❖ ❖

Zwischen Reiz und Reaktion gibt es einen Raum. In diesem Raum hat der Mensch die Freiheit und die Fähigkeit, seine Reaktion zu wählen. In diesen Entscheidungen liegen unser Wachstum und unser Glück.[8]

❖ ❖ ❖

Der freie Wille ist unsere Fähigkeit, zu handeln. Er gibt uns die Macht, unsere Paradigmen zu überwinden, gegen den Strom zu schwimmen, unsere Prägungen zu verändern und prinzipientreu zu handeln, anstatt einfach nur aus Gefühlen oder den Umständen heraus zu reagieren.[1]

❖ ❖ ❖

Es ist nicht das, was uns geschieht, sondern die Art, wie wir darauf reagieren, die uns verletzt.[7]

❖ ❖ ❖

Entfachen Sie ein Streichholz. Es kann ein Gebäude zerstören oder einen dunklen Ort erleuchten – die Entscheidung liegt ganz bei Ihnen.[21]

❖ ❖ ❖

Auf dem Ruder eines großen Schiffes sitzt ein zweites, kleines Ruder, das so genannte Trimmruder. Ein leichter Ausschlag des Trimmruders genügt, um langsam auch das große Ruder zu bewegen, mit der Folge, dass schließlich das riesige Schiff seine Richtung ändert. Begreifen Sie sich selbst als Trimmruder. Indem Sie kleine Änderungen vornehmen, erzeugen Sie einen Widerhall im Unternehmen, der womöglich die gesamte Unternehmenskultur verändert.[3]

❖ ❖ ❖

Eine meiner Lieblingsgeschichten ist die alttestamentliche Geschichte von Joseph, den seine Brüder im Alter von 17 Jahren in die Sklaverei verkauften.

Stellen Sie sich vor, wie leicht es für ihn gewesen wäre, als Diener des Potiphar in Selbstmitleid zu verfallen, sich auf die Schwächen seiner Brüder, seines neuen Herren und all das zu konzentrieren, was er nicht hatte. Aber Joseph war pro-aktiv. Und binnen Kurzem leitete er Potiphars Haushalt. Er hatte das Sagen über alles, was Potiphar besaß, weil dessen Vertrauen so groß war.

Dann kam der Tag, an dem Joseph in einer schwierigen Situation steckte und sich weigerte, seine Integrität aufzugeben. Das führte dazu, dass er zu Unrecht für 13 Jahre ins Gefängnis musste.

Aber er war wieder pro-aktiv. Er arbeitete an seinem persönlichen Einflussbereich, und schon bald leitete er das Gefängnis und schließlich ganz Ägypten und war nur dem Pharao unterstellt.[7]

❖ ❖ ❖

Unser Verhalten leitet sich von unseren Entscheidungen ab, nicht von den gegebenen Bedingungen.[7]

❖ ❖ ❖

Unsere Sprache liefert einen sehr konkreten Hinweis darauf, bis zu welchem Grad wir uns selbst als pro-aktive Menschen sehen. Reaktive Menschen befreien sich in ihrer Sprache von Verantwortung. »So bin ich einfach. Ich werde bestimmt. Es gibt nichts, was ich daran ändern könnte.«[7]

❖ ❖ ❖

Unsere ultimative Freiheit besteht in dem Recht und in der Macht zu bestimmen, wie wir andere Menschen und Dinge auf uns einwirken lassen.[21]

❖ ❖ ❖

Vergangene Erfahrungen wirken auf die Gegenwart und die Zukunft häufig wie Fesseln. Erste Eindrücke lassen uns nicht mehr los. Aus Gewohnheiten werden Zwänge. Die Vorstellung, etwas nicht zu können, bewahrheitet sich selbst.[4]

❖ ❖ ❖

Reaktive Leute werden von Gefühlen, den Umständen, den Bedingungen oder ihrer Umwelt getrieben. Wenn das Wetter gut ist, fühlen sie sich gut. Wenn es schlecht ist, beeinflusst das ihre Haltung und ihr Befinden. Pro-aktive Menschen tragen ihr eigenes Wetter in sich. Es ist ihnen gleich, ob es regnet oder die Sonne scheint.[7]

❖ ❖ ❖

Reaktive Menschen leben oft nach den alten Mustern, die ihnen von anderen vorgegeben werden. Sie rennen instinktiv hin und her und löschen einfach ein Feuer nach dem anderen.[21]

❖ ❖ ❖

Rückschläge sind unvermeidlich, doch wir können selbst entscheiden, ob wir uns von ihnen deprimieren lassen wollen.[8]

❖ ❖ ❖

Die Fähigkeit, einen Impuls einem Wert unterzuordnen, ist die
Essenz eines pro-aktiven Menschen.[7]

❖ ❖ ❖

*Wer sich hinter der Opferrolle verschanzt, gibt seine eigene Zukunft preis.
Einmal hatte ich es mit Versicherungsgeneralvertretern zu tun, die sich
unisono über die schrecklichen Schulungsprogramme ihres Unternehmens
beschwerten. Ich sagte:* »*Na gut, warum ändern Sie sie dann nicht?*«
Sie erwiderten: »*Wie meinen Sie das?*«
»*Sie haben mir soeben erzählt, was Sie von diesen Programmen halten. Sie beschreiben sie als große Lasershows, aus denen der Mensch nicht
klüger wird. Warum ändern Sie sie dann nicht?*«
»*Dafür sind wir nicht zuständig.*«
»*So begreifen Sie doch*«, *sagte ich,* »*Sie sind keine Opfer. Als erfolgreiche Generalvertreter sind Sie in Ihrem Unternehmen nicht irgendwer.
Sie können vor Ihrem Top-Management jede Präsentation halten, die Sie
nur wollen. Und indem Sie von dieser Möglichkeit geschickt Gebrauch
machen – mit anderen Worten, indem Sie Ihren Zuhörern verdeutlichen,
dass das, was Sie vorschlagen, in deren eigenem Interesse ist – können Sie
echte Veränderungen bewirken.*[12]

❖ ❖ ❖

Das Umfeld, das Sie sich aus Ihren eigenen Gedanken, Ihren Überzeugungen, Ihren Idealen und Ihrer Philosophie heraus schaffen, ist
das einzige Klima, in dem Sie jemals leben werden.[11]

❖ ❖ ❖

In jeder menschlichen Unternehmung gibt es bestimmte Schlüs-
selmomente, die, wenn wir sie optimal nutzen, schicksalhafte
Bedeutung erhalten. Seien Sie in kritischen Augenblicken stark.[4]

❖ ❖ ❖

Das Leben kennt drei Konstanten: Veränderung, Wahl und
Prinzipien.[21]

❖ ❖ ❖

Solange jemand nicht ehrlich und aus dem tiefsten Inneren heraus
sagen kann: »Das, was ich heute bin, bin ich aufgrund meiner
gestrigen Entscheidungen«, kann er nicht sagen: »Ich treffe jetzt
eine andere Wahl.«[7]

❖ ❖ ❖

Wir haben die Freiheit, aufgrund unseres Wissens um korrekte
Prinzipien unsere Handlungen zu wählen, aber wir haben nicht
die Freiheit, die Konsequenzen dieser Handlungen zu bestimmen.
Denn wenn man ein Ende des Stocks hochhebt, hebt man auch
das andere.[7]

❖ ❖ ❖

Sie sind nicht Ihre Gewohnheiten. Sie können alte, nicht zweckmäßige Verhaltensmuster durch neue Muster ersetzen, durch neue Gewohnheiten der Effektivität.[7]

❖ ❖ ❖

Einer meiner Studenten fragte mich einmal: »*Könnten Sie mich bitte für diese Unterrichtsstunde entschuldigen? Ich muss zu einem Tennisturnier.*«
»*Sie müssen oder Sie wählen, daran teilzunehmen?*«
»*Ich muss wirklich*«, *erwiderte er.*
»*Was würde passieren, wenn Sie nicht teilnähmen?*«
»*Sie würden mich aus dem Team werfen.*«
»*Würde Ihnen diese Konsequenz gefallen?*«
»*Nein, natürlich nicht.*«
»*Mit anderen Worten, Sie wählen, an dem Turnier teilzunehmen, weil Sie weiterhin im Team bleiben wollen. Was würde passieren, wenn Sie meinen Unterricht verpassen würden?*«
»*Sie würden mich vom Unterricht ausschließen, nicht wahr?*«
»*Das wäre eine soziale Konsequenz und damit künstlich. Wenn Sie nicht am Tennisturnier teilnehmen, spielen Sie nicht. Das ist die natürliche Konsequenz. Wenn Sie aber nicht zum Unterricht kommen, was wäre da die natürliche Konsequenz?*«
»*Ich vermute, ich würde das Lernen verpassen.*«
»*Das ist richtig. Also müssen Sie diese Konsequenz gegen die andere Konsequenz abwägen und eine Wahl treffen. Wenn ich Sie wäre, würde ich am Tennisturnier teilnehmen. Aber sagen Sie niemals, Sie müssen etwas tun.*«
»*Ich wähle, zum Tennisturnier zu gehen*«, *antwortete er kleinlaut.*
»*Und meinen Unterricht zu verpassen?*«[7]

Das Prinzip
der
Wahrheit

Ich erinnere mich an einem Sonntagvormittag in der New Yorker U-Bahn. Die Passagiere saßen still da, manche lasen Zeitung, andere waren in Gedanken versunken, einige hatten die Augen geschlossen und ruhten sich aus. Es war eine ruhige, friedliche Szene.

Dann stieg ein Mann mit seinen Kindern ein. Die Kleinen waren laut und ungestüm, die ganze Stimmung änderte sich abrupt.

Der Mann setzte sich neben mich und machte die Augen zu. Er nahm die Situation offenbar überhaupt nicht wahr. Die Kinder schrien herum, warfen Sachen hin und her, zerrten sogar an den Zeitungen der anderen Fahrgäste. Sie waren sehr störend. Aber der Mann neben mir unternahm nichts.

Es war schwierig, nicht davon irritiert zu sein. Ich konnte nicht fassen, dass er so teilnahmslos war, dass er seine Kinder dermaßen herumtoben ließ und nichts dagegen tat, überhaupt keine Verantwortung übernahm. Es war deutlich, dass sich auch alle anderen in der U-Bahn ärgerten. Mit aus meiner Sicht ungewöhnlicher Geduld und Zurückhaltung sprach ich ihn schließlich an: »Ihre Kinder stören wirklich sehr viele Leute hier. Könnten Sie sie nicht vielleicht etwas mehr unter Kontrolle bringen?«

Der Mann hob die Augen, als ob er sich zum ersten Mal der Situation bewusst würde, und sagte leise: »Oh, Sie haben Recht, ich sollte etwas dagegen tun. Wir kommen gerade aus dem Krankenhaus, wo ihre Mutter vor einer Stunde gestorben ist. Ich weiß nicht, was ich denken soll, und die Kinder haben vermutlich auch keine Ahnung, wie sie damit umgehen sollen.«

Können Sie sich vorstellen, was ich in dem Augenblick empfand? Mein Paradigma wechselte. Plötzlich sah ich die Dinge anders, und da ich anders sah, dachte, fühlte und verhielt ich mich auch anders. Mein Ärger löste sich auf. Ich brauchte mich nicht darum zu bemühen, meine Einstellung oder mein Verhalten unter Kontrolle zu halten; mein Herz war von dem Schmerz des Mannes erfüllt. Mitgefühl und Sympathie konnten frei fließen. »Ihre Frau ist gerade gestorben? Oh, das tut mir so Leid. Wollen Sie darüber sprechen? Kann ich irgendwie helfen?« Alles veränderte sich in einem kurzen Augenblick.[7]

❖ ❖ ❖

Zentrieren Sie Ihr Leben um Prinzipien. Prinzipien reagieren auf gar nichts. Sie werden nicht wütend und behandeln uns nicht anders. Sie lassen sich nicht scheiden und brennen auch nicht mit unserer besten Freundin durch. Sie sind nicht hinter uns her. Sie können uns den Weg nicht mit Abkürzungen und Patentlösungen pflastern. Sie hängen nicht vom Verhalten anderer, der Umgebung oder ihrer modischen Gültigkeit ab. Prinzipien sterben nicht. Sie sind nicht einen Tag da und am nächsten fort.[7]

❖ ❖ ❖

Korrekte Prinzipien sind wie Kompasse: Sie weisen stets die Richtung. Und wer sie zu lesen versteht, geht nicht verloren, verliert nicht die Orientierung und lässt sich nicht von widersprüchlichen Meinungen und Wertvorstellungen aus dem Konzept bringen.[19]

❖ ❖ ❖

Ich bin überzeugt, dass es in der menschlichen Natur Bereiche gibt, die von keiner Gesetzgebung und keiner Erziehung erreicht werden können, sondern die nur der Macht Gottes zugänglich sind.[7]

❖ ❖ ❖

Wenn ich denke, dass ich die Welt so sehe, wie sie ist, wozu würde ich dann die Unterschiede wertschätzen wollen? Warum sollte ich mich überhaupt mit jemandem beschäftigen wollen, der so offensichtlich auf dem Holzweg ist?[7]

❖ ❖ ❖

Management-Schlagwörter sind wie Zuckerwatte, die zwar einen Augenblick lang gut schmeckt, dann aber dahinschmilzt.[8]

❖ ❖ ❖

Unsere Wahrnehmungen können stark voneinander abweichen. Und dennoch leben wir mit unseren mentalen Paradigmen jahrelang in dem Glauben, es handele sich um »Fakten«, während wir den Charakter und die mentalen Fähigkeiten eines jeden in Frage stellen, der nicht in der Lage ist, »die Fakten zu sehen«.[7]

❖ ❖ ❖

Unser Schmerz und unsere Probleme sind universell und nehmen zu, und die Lösung dieser Probleme beruht auf universellen, zeitlosen, offensichtlichen Prinzipien, die schon seit Anbeginn der Geschichte für alle dauerhaften, prosperierenden Gesellschaften gelten.[7]

❖ ❖ ❖

Prinzipien sind Teil fast jeder größeren, bleibenden Religion oder Sozialphilosophie und ethischer Systeme. Sie sind offensichtlich und lassen sich leicht von jedermann verifizieren.[7]

❖ ❖ ❖

Die Charakterethik beruht auf der grundlegenden Vorstellung, dass es Prinzipien gibt, die die Effektivität des Menschen bestimmen, natürliche Gesetze, die in der menschlichen Dimension ebenso wirklich, unveränderlich und unbestreitbar vorhanden sind wie die Gesetze der Schwerkraft in der physikalischen Dimension.[7]

❖ ❖ ❖

Unsere Art, das Problem zu sehen, ist das Problem.[7]

❖ ❖ ❖

Es gibt eben diese Werte, ein Gefühl für Gerechtigkeit, Ehrlichkeit, Respekt und Beitrag, die unabhängig von einer Kultur bestehen, die zeitlos und evident sind.[8]

❖ ❖ ❖

Die meisten Erfolgsformeln in Sachen menschlicher Beziehungen gelten nur für die Sonnenscheinmomente. Sie klingen einfach und logisch, und solange die »Stürme des Lebens« nicht über uns hinwegziehen, stimmen sie auch. Aber wenn eine solche Formel mehr sein soll als nur ein vorübergehendes Beruhigungsmittel und Trostpflaster, muss sie die Wurzeln tief in der Charakterstruktur des einzelnen Menschen ansprechen.[4]

❖ ❖ ❖

Allzu oft merken wir nicht, dass wir vor einem unechten Dilemma
stehen. Das ist umso tragischer, weil dies auf die allermeisten
Dilemmata zutrifft.[5]

❖ ❖ ❖

Wir müssen auch die Brille betrachten, durch die wir die Welt sehen,
weil diese unsere Interpretation der Welt bestimmt.[7]

❖ ❖ ❖

Wir sehen die Welt nicht so, wie sie ist, sondern so, wie wir sind –
oder wie wir sie zu sehen konditioniert sind.[7]

❖ ❖ ❖

Wenn wir den Mund aufmachen, um zu beschreiben, was wir sehen,
beschreiben wir eigentlich uns selbst, unsere Wahrnehmungen und
unsere Paradigmen.[7]

❖ ❖ ❖

Praktiken sind situationsspezifisch, Prinzipien dagegen beruhen auf
tiefen, fundamentalen Wahrheiten mit universeller Anwendbarkeit.[7]

Das Prinzip
von
Win-Win

*I*ch habe einmal mit einem Klienten gearbeitet, der Geschäftsführer einer großen Filialkette war. Er meinte: »Stephen, diese Gewinn/ Gewinn-Geschichte klingt gut, aber sie ist so idealistisch. Es gibt überall Gewinn/Verlust, und wenn man da draußen das Spiel nicht mitspielt, dann kann man es einfach nicht schaffen.«

»Na gut«, sagte ich, »versuchen Sie doch mal mit Ihren Kunden auf Gewinn/Verlust zu gehen. Ist das realistisch?«

»Na ja, eigentlich nicht«, antwortete er.

»Warum nicht?«

»Ich würde meine Kunden verlieren.«

»Dann probieren Sie's mit Verlust/Gewinn. Geben Sie den Laden auf. Ist das realistisch?«

»Nein. Kein Spielraum, kein Auftrag.«

Wir betrachteten die verschiedenen Alternativen, und Gewinn/Gewinn schien der einzig wirklich realistische Ansatz.

»Ich vermute, dass das für die Kunden stimmt«, gab er zu, »aber nicht für die Lieferanten.«

»Sie sind der Kunde des Lieferanten«, meinte ich. »Warum gilt da nicht dasselbe?«

»Nun, wir haben neulich mit den Eigentümern und Betreibern der Einkaufszentren unsere Leasing-Bedingungen diskutiert«, sagte er. »Wir sind wirklich mit einer Gewinn/Gewinn-Haltung in die Gespräche hineingegangen. Wir waren offen, flexibel und verhandlungsbereit. Aber sie haben das als weich und schwach interpretiert und uns über den Tisch gezogen.«

»Tja, warum wollten Sie denn Verlust/Gewinn?«, fragte ich.

»Wollten wir nicht. Wir waren auf Gewinn/Gewinn aus.«
»Ich dachte, Sie hätten gesagt, die anderen hätten Sie über den Tisch gezogen.«
»Haben sie auch.«
»Also haben Sie mit anderen Worten verloren.«
»Stimmt.«
»Und die haben gewonnen.«
»Richtig.«
»Und wie nennt man das dann?«
Als er erkannte, dass das, was er Gewinn/Gewinn nannte, in Wirklichkeit Verlust/Gewinn war, war er schockiert.[7]

❖ ❖ ❖

Ein wesentlicher Charakterzug für Gewinn/Gewinn ist die Überflussmentalität, das Paradigma, dass es da draußen reichlich gibt und genug für alle da ist. Es führt dazu, dass man Prestige, Anerkennung, Profite und Entscheidungsfindungen teilen kann. Es eröffnet Möglichkeiten, Optionen, Alternativen und Kreativität. Die Überflussmentalität entspricht einem tiefen inneren Gefühl von persönlichem Wert und Sicherheit.[7]

❖ ❖ ❖

Mag auch jeder Job seine monotonen und anspruchslosen Facetten haben, so haben wir alle doch genug Gelegenheit irgendwo und irgendwann im Leben, unsere Interessen zu erweitern, unser Wissen auf diesen Feldern zu vertiefen und unsere Fähigkeiten hinreichend zu entwickeln, um uns aktiv einbringen und unseren Beitrag leisten zu können – mit anderen Worten, um »am Leben teilzuhaben«.[4]

❖ ❖ ❖

Auf lange Sicht gewinnen wir entweder beide oder verlieren beide. Darum ist Gewinn/Gewinn in interdependenten Realitäten die einzige echte Alternative.[7]

❖ ❖ ❖

Meist ist das Leben kein Wettkampf. Wir müssen uns nicht jeden Tag mit unserem Ehepartner, unseren Kindern, Mitarbeitern, Nachbarn und Freunden messen. »Wer gewinnt in eurer Ehe?«, ist eine alberne Frage. Wenn nicht beide gewinnen, verlieren beide.[7]

❖ ❖ ❖

Die meisten Leute denken gern in Form von Dichotomien: stark oder schwach, Fußball oder Handball, gewinnen oder verlieren. Aber diese Art des Denkens hat einen grundsätzlichen Fehler. Sie beruht auf Macht und Position, nicht auf Prinzipien. Gewinn/Gewinn beruht auf dem Paradigma, dass es genug für alle gibt, dass der Erfolg des einen Menschen nicht auf Kosten oder unter Ausschluss des Erfolgs anderer stattfindet.[7]

❖ ❖ ❖

Vielleicht muss das Gefühl des Besitzens vor dem Gefühl echten Teilens kommen.[7]

❖ ❖ ❖

Rache ist ein zweischneidiges Schwert. Ich weiß von einer Scheidung, bei der das Gericht den Mann anwies, die Vermögenswerte zu veräußern und den halben Erlös an seine Frau auszuzahlen. Der Mann tat, wie ihm geheißen: Er verkaufte ein Auto, das 10 000 Euro wert war, für 50 Euro. 25 Euro gab er seiner Frau.[7]

❖ ❖ ❖

Das Erste, an das viele Menschen denken, wenn sie in Schwierigkeiten kommen, ist, einen anderen zu verklagen und vor Gericht zu
zerren. Sie wünschen sich, auf Kosten eines anderen zu »gewinnen«.
Aber defensive Gemüter sind weder kreativ noch kooperativ.[7]

❖ ❖ ❖

Die Mentalität des Mangels ist das Nullsummenparadigma des
Lebens. Menschen mit der Mangelmentalität hegen oft insgeheim
die Hoffnung, dass andere Pech haben mögen – kein furchtbares
Pech, aber ein akzeptables, das sie »in ihren Schranken« hält. Ihr
Wertgefühl stammt aus dem Vergleich mit anderen, und wenn
jemand anders Erfolg hat, bedeutet das eigentlich, dass sie selbst
gescheitert sind.[7]

❖ ❖ ❖

Der Ansatz, beiden Seiten einen Vorteil zu verschaffen, ist nicht nur
in geschäftlichen, sondern überhaupt in allen Lebensbeziehungen
von fundamentaler Bedeutung. Er ist die Eintrittskarte ins Herz
eines jeden Menschen.[5]

❖ ❖ ❖

Eignen Sie sich ein Gewinn/Gewinn-Denken an.[7]

❖ ❖ ❖

Natürlich sollen die Menschen miteinander diskutieren. Aber es führt zu nichts, wenn es nur darum geht, die Gegenseite zur Kapitulation zu zwingen. Machen Sie doch einfach den Test mit Ihren Freunden und Familienangehörigen. Probieren Sie aus, wie weit Sie mit Ihren Bemühungen um liebevolle, kreative Beziehungen kommen.[5]

❖ ❖ ❖

Gewinnen ist schön. Aber es gibt mehrere Möglichkeiten, wie wir gewinnen können. Das Leben ist kein Tennismatch, in dem nur ein Spieler den Sieg davonträgt. Es ist viel faszinierender, wenn beide Seiten gewinnen und eine 3. Alternative schaffen, mit der alle glücklich sind.[5]

❖ ❖ ❖

Gewinn / Gewinn ist keine Persönlichkeits-Technik. Gewinn / Gewinn ist eine Einstellung, bei der Kopf und Herz immer Vorteile für beide Seiten suchen. Es ist eine Gesamtphilosophie der menschlichen Interaktion. Es entstammt einem integren, reifen Charakter und einer Mentalität der Fülle. Es erwächst aus Beziehungen mit hohem Vertrauen.[7]

Stephen R. Coveys

Lieblings-zitate

Wir sind, was wir wiederholt tun. Herausragend zu sein, ist also keine Handlung, sondern eine Gewohnheit.

— Aristoteles zugeschrieben

Säe einen Gedanken, und du erntest eine Tat;
Säe eine Tat, und du erntest eine Gewohnheit;
Säe eine Gewohnheit, und du erntest einen Charakter;
Säe einen Charakter, und du erntest ein Schicksal.

— George Dana Boardman zugeschrieben

Das Kind muss wissen, dass es ein Wunderwerk ist, und dass es seit Anbeginn der Welt kein solches Kind gegeben hat, wie es auch bis zu deren Ende kein weiteres Kind geben wird, das ihm gleicht.

— Pablo Casals

Pläne sind wertlos, aber Planung ist von unschätzbarem Wert.

— Peter Drucker

Probleme kann man niemals mit derselben Denkweise lösen, durch die sie entstanden sind.

– Albert Einstein zugeschrieben

Die Geschichte des freien Mannes schreibt niemals der Zufall, sondern die Entscheidung – seine Entscheidung.

– Dwight D. Eisenhower

Wir werden niemals aufhören, die Welt zu erforschen, und am Ende allen Forschens werden wir wieder an den Ort gelangen, von dem wir aufgebrochen sind, und ihn zum ersten Mal kennenlernen.

– T. S. Eliot

Was wir mit Ausdauer tun, wird einfacher – nicht, weil sich die Aufgabe verändert, sondern weil unsere Fähigkeit zunimmt, sie auszuführen.

– Ralph Waldo Emerson

Alle Kinder kommen als Genies zur Welt: Allen bis auf einem von 10 000 wird das Genie von den Erwachsenen aus Unachtsamkeit wieder abtrainiert.

– Buckminster Fuller

Wichtige Dinge dürfen nie den unwichtigen untergeordnet werden.

– Johann Wolfgang von Goethe

Wenn wir die Menschen nur nehmen, wie sie sind, so machen wir sie schlechter; wenn wir sie behandeln, als wären sie, was sie sein sollten, so bringen wir sie dahin, wohin sie zu bringen sind.

– Johann Wolfgang von Goethe

Der Erfolgreiche hat die Angewohnheit, Dinge zu tun, die der Erfolglose nicht tun mag. Das heißt nicht notwendigerweise, dass er sie lieber tut. Doch sein Wille, sein Ziel zu erreichen, ist stärker als seine Abneigung.

– E. M. Gray

Es ist nobler, sich ganz einem einzigen Menschen zu widmen, als sich für die Rettung der Massen zu verausgaben.

– Dag Hammarskjöld

Die Einfachheit diesseits der Komplexität interessiert mich überhaupt nicht; was mich brennend interessiert, ist die Einfachheit jenseits der Komplexität.

– Oliver Wendell Holmes

Was hinter und was vor uns liegt, ist nichts im Vergleich zu dem, was zwischen uns liegt.

— *Oliver Wendell Holmes*

Freundschaft ohne Vertrauen ist ebenso undenkbar wie Vertrauen ohne Aufrichtigkeit.

— *Samuel Johnson*

Zwei Dinge erfüllen das Gemüt mit immer neuer und zunehmender Bewunderung und Ehrfurcht, je öfter und anhaltender sich das Nachdenken damit beschäftigt: der bestirnte Himmel über mir und das moralische Gesetz in mir.

— *Immanuel Kant*

Jede Halbwahrheit bildet gemeinsam mit ihrem Gegenstück einen »Widerspruch in sich«.

— *D. H. Lawrence*

Die Dogmen der ruhigen Vergangenheit werden der stürmischen Gegenwart nicht gerecht.

— *Abraham Lincoln*

Heute habe ich so viel zu tun, dass ich eine weitere Stunde
auf den Knien verbringen muss.

– Martin Luther zugeschrieben

Gewohnheiten sind wie ein Tau: Wir flechten täglich ein weiteres
Garn hinzu, auf dass es bald nicht mehr reißen kann.

– Horace Mann

Wir haben die Goldene Regel in unser Gedächtnis übertragen;
jetzt wollen wir sie auch auf unser Leben übertragen.

– Edwin Markham

Die größten Kämpfe des Lebens werden täglich im stillen Kämmer-
lein unserer Seele ausgefochten.

– David O. McKay

Wenn es Menschen gibt, die der herrschenden Meinung wider-
sprechen, sollten wir ihnen danken, ihnen unser Ohr schenken
und uns freuen, dass es da jemanden gibt, der für uns tut, was
andernfalls unsere Sache gewesen wäre.

– John Stuart Mill

Wenn ich heute auf mein Leben zurückblicke, was ich manchmal tue, erschreckt mich am meisten, dass das, was einst so bedeutend und verführerisch wirkte, mittlerweile eitel und absurd erscheint.

– Malcolm Muggeridge

Was uns zu leicht in die Hände fällt, wissen wir nicht hinreichend zu schätzen. Nur was uns teuer zu stehen kommt, scheint uns etwas wert zu sein. Der Himmel weiß, welcher Preis für eine Ware recht und billig ist.

– Thomas Paine

Das Herz hat seine Gründe, von denen der Verstand nichts weiß.

– Blaise Pascal

Niemand kann uns ohne unser Einverständnis verletzen.

– Eleanor Roosevelt

Grausam sind die Schwachen. Milde können wir nur von den Starken erwarten.

– Leo Roskin

Darin liegt die wahre Freude im Leben – einem Zweck zu dienen, den wir selbst für mächtig erachten, eine Naturgewalt zu sein statt eines aufgeregten, selbstsüchtigen, jammernden Etwas, das sich darüber beklagt, dass die Welt nicht alles daran setzt, es glücklich zu machen. Ich bin der Ansicht, dass mein Leben der Menschheit gehört, und so lange ich lebe, ist es mein Privileg, für sie zu tun, was ich kann. Ich will mich ganz für sie verausgaben, auf dass nichts mehr übrig ist, wenn ich sterbe. Je härter ich arbeite, desto mehr lebe ich. Ich erfreue mich am Leben, wie es ist. Das Leben erscheint mir nicht als kurze Kerze, sondern als eine Art strahlender Fackel, die mir übergeben wurde, damit ich sie für den Moment hochhalte, und ich will, dass sie so hell wie möglich brennt, bevor ich sie an zukünftige Generationen weiterreiche.

– George Bernard Shaw

Wir sind keine Menschen, die eine spirituelle Erfahrung machen. Wir sind spirituelle Wesen, die eine menschliche Erfahrung machen.

– Pierre Teilhard de Chardin

Gib der Welt das Beste, was du hast, und du trägst möglicherweise Verletzungen davon. Gib der Welt dennoch dein Bestes.

– Mutter Teresa

Ich kenne nichts, dass mehr dazu angetan ist, uns Mut zu machen, als die unbestreitbare Fähigkeit des Menschen, sein Leben durch bewusste Anstrengung zu erhöhen.

– Henry David Thoreau

Auf tausend Menschen, die auf die Zweige des Bösen einprügeln, kommt einer, der seiner Wurzel zu Leibe rückt.

– Henry David Thoreau

Quellen

Bücher von Stephen R. Covey

1. *First Things First – To Live, to Love, to Learn, to Leave a Legacy*, Simon & Schuster, New York, 1995
   dt.: *Der Weg zum Wesentlichen – Zeitmanagement der vierten Generation*, Campus, Frankfurt a. M. / New York, 1997
2. *Great Work, Great Career*, FranklinCovey Co., Salt Lake City, 2010
   dt.: *Vom Beruf zur Berufung – Wie Sie einen tollen Job und persönliche Erfüllung finden*, GABAL, Offenbach, 2011
3. *Principle-Centered Leadership*, Simon & Schuster, New York, 1991
   dt.: *Die effektive Führungspersönlichkeit – Management by Principles*, Campus, Frankfurt a. M. / New York, 1993
4. *Spiritual Roots of Human Relations*, Deseret Book, Salt Lake City, 1976
5. *The 3rd Alternative – Solving Life's Most Difficult Problems*, Free Press, New York, 2011
   dt.: *Die 3. Alternative – So lösen wir die schwierigsten Probleme des Lebens*, GABAL, Offenbach, 2012
6. *The 7 Habits of Highly Effective Families*, St. Martin's Griffin, New York, 1997
   dt.: *Die 7 Wege zur Effektivität für Familien – Prinzipien für starke Familien*, 3. Auflage, GABAL, Offenbach, 2011
7. *The 7 Habits of Highly Effective People*, Free Press, New York, 2004
   dt.: *Die 7 Wege zur Effektivität – Prinzipien für privaten und beruflichen Erfolg*, 26. Auflage, GABAL, Offenbach, 2013
8. *The 8th Habit – From Effectiveness to Greatness*, Free Press, New York, 2004
   dt.: *Der 8. Weg – Mit Effektivität zu wahrer Größe*, 8. Auflage, GABAL, Offenbach, 2013
9. *The Leader in Me*, Free Press, New York, 2008

Andere Quellen

10. »Big Rocks«, FranklinCovey Video, 1989
11. B. J. Gallagher, *Why Don't I Do the Things I Know Are Good for Me?*, Penguin, New York, 2009
12. Stephen R. Covey, »Leading People from Effectiveness to Greatness«, A Life on Fire – Living Your Life With Passion, Balance, and Abundance, Healthy Wealthy n Wise, 2005
13. »Knowledge Workers – 10,000 Times the Productivity«, Stephen R. Covey Blog, http://www.stephencovey.com/blog?p=15
14. »Dr. Stephen Covey Interview Featuring Jay Abraham, May 10, 2005«, http://abraham-pop.s3.amazonaws.com/StephenCoveyInterview.pdf
15. Stephen R. Covey, »Our Children and the Crisis in Education«, Huffington Post, 20. April 2010, http://www.huffingtonpost.com/stephen-r-covey/our-children-and-the-cris?_B_545034.html
16. Leo Babauta, »Exclusive Interview – Stephen Covey on His Morning Routine, Technology, Blogs, GTD and The Secret«, http://zenhabits.net/exclusive-interview-stephen-covey-on-his-morning-routine-blogs-technology-gtd-and-the-secret/
17. Dan Schawbel, »Stephen Covey Gives You a 3rd Alternative«, Forbes, 4. Oktober 2011, http://www.forbes.com/sites/danschawbel/2011/10/04/stephen-r-covey-gives-you-a-3rd-alternative/
18. Stephen R. Covey, »We Can Do Better Than This – A Third Alternative«, Huffington Post, 6. Oktober 2011, http://www.huffingtonpost.com/stephen-r-covey/we-can-do-bette-than-thi_2_b_998107.html
19. Robyn Greenspan, »A Day With Stephen Covey«, 17. Juli 2012, http://insights.execunet.com/index.php/comments/a_day_with_stephen_r_covey/best-practices/more
20. Persönliche Unterhaltung mit Stephen R. Covey
21. Ohne Quelle, Stephen R. Covey zugeschrieben

Über den Autor

Dr. Stephen R. Covey war international anerkannter Experte zum Thema »Führung«, Dozent, Autor und Unternehmensberater. Das *Time Magazine* führte ihn auf der Liste der 25 einflussreichsten US-Amerikaner. Stephen R. Covey ist der Verfasser des internationalen Bestsellers *Die 7 Wege zur Effektivität*, den die Zeitschrift *Chief Executive* zu den einflussreichsten Wirtschaftsbüchern der letzten 100 Jahre zählt, und von dem weltweit über 20 Millionen Exemplare in 40 Sprachen verkauft wurden. Weitere Bestseller von Stephen R. Covey sind unter anderem: *Der 8. Weg – Von Effektivität zu wahrer Größe, Der Weg zum Wesentlichen, Die effektive Führungspersönlichkeit, Führen unter neuen Bedingungen* und *Vom Beruf zur Berufung*.

Stephen R. Covey gehörte zu den Mitbegründern von FranklinCovey, einem international führenden Beratungs- und Trainingsunternehmen, das inzwischen in über 140 Ländern vertreten ist. In über 40 Jahren hat Stephen R. Covey Millionen von Menschen – darunter Staatsoberhäuptern und Konzernchefs – vermittelt, wie groß die Kraft der Prinzipien ist, von denen die Effektivität von Einzelpersonen und Organisationen abhängt.

Über FranklinCovey

Unser Leitbild

*Wir befähigen Menschen und Organisationen zu wahrer Größe –
überall auf der Welt.*

FranklinCovey (NYSE: FC) ist ein weltweit führendes Beratungs- und
Trainingsunternehmen für die Themen Führung, Vertrauen, indivi-
duelle Effektivität, Strategieumsetzung und Kundenloyalität. Franklin-
Covey ist in über 140 Ländern vertreten und berät Unternehmen und
Organisationen aller Größen und Branchen. Weitere Informationen
bekommen Sie unter: www.franklincovey.com/tc.

Im deutschsprachigen Raum wird FranklinCovey durch die Leadership Institut GmbH mit Büros in Deutschland, Österreich und der
Schweiz vertreten. Das Leadership Institut bietet das Beratungs- und
Trainingsspektrum von FranklinCovey in deutscher Sprache – ange-
passt an unsere kulturellen Anforderungen.

Darüber hinaus entwickelt und implementiert das FranklinCovey
Leadership Institut maßgeschneiderte Lösungen rund um Führung
und Effektivität für Organisationen, Teams und Einzelpersonen. Es
bietet Beratung, firmeninterne Workshops, Ausbildung firmeninter-
ner Trainer, Webinare, Tools, Vorträge, öffentliche Workshops und
Führungskräftetagungen. Sie erfahren mehr über das Angebot von
FranklinCovey im deutschsprachigen Raum unter:
www.franklincovey.de.

FranklinCovey Deutschland
Leadership Institut GmbH
Bavariafilmplatz 3
D-82031 Grünwald
+ 49 (89) 45 21 48 - 0
info@franklincovey.de
www.franklincovey.de

FranklinCovey Österreich
Leadership Institut GmbH
Parkring 10
A-1010 Wien
+ 43 (1) 320 16 22
info@franklincovey.at
www.franklincovey.at

FranklinCovey Schweiz
Leadership Institut GmbH
General-Guisan-Strasse 6 / 8
CH-6303 Zug
+41 (0) 41 711 37 30
info@franklincovey.ch
www.franklincovey.ch